Pocket Power

Markus Reiter
Steffen Sommer
Perfekt schreiben

W0076834

Die Autorin

Anne Brunner ist Professorin für Schlüsselqualifikationen an der Fakultät General Studies der Hochschule für Angewandte Wissenschaften – Fachhochschule München. Sie vermittelt die so genannten SoftSkills, die nicht nur im Beruf, sondern auch bei der Persönlichkeitsentwicklung und letztlich in allen Lebenslagen unentbehrlich sind.

Anne Brunner ist Herausgeberin der SoftSkills-Reihe bei Hanser.

Die Autoren

Markus Reiter ist Schreibcoach, Medienberater und Journalist. Er betreibt das Büro „Klardeutsch" in Stuttgart und bringt Mitarbeitern aus Kommunikation, Marketing und Vertrieb bei, sich klar und verständlich auszudrücken. Er war stellvertretender Chefredakteur von „Reader's Digest Deutschland", FAZ-Redakteur und Mitglied der Geschäftsleitung einer süddeutschen Kommunikationsagentur.

Kontakt: www.klardeutsch.de

Steffen Sommer arbeitet als freier Journalist, Trainer und Berater für Redaktionen, Unternehmen und die öffentliche Verwaltung. In seinem „Büro für klare Sprache" in Stuttgart schreibt und redigiert er Texte und entwickelt Seminare, in denen die Teilnehmer lernen, es ihren Lesern leicht zu machen.

Kontakt: www.steffen-sommer.com

Markus Reiter
Steffen Sommer

Perfekt schreiben

HANSER

Bibliografische Information der Deutschen Bibliothek
Die Deutsche Bibliothek verzeichnet diese Publikation in der Deutschen Nationalbibliografie; detaillierte bibliografische Daten sind im Internet über http://dnb.ddb.de abrufbar.

2. Auflage

© 2007 Carl Hanser Verlag München
www.hanser.de
Lektorat: Lisa Hoffmann-Bäuml
Herstellung: Ursula Barche
Umschlaggestaltung: Büro plan.it unter Verwendung
einer Illustration von Frank Schmolke
Gesamtherstellung: Kösel, Krugzell
Printed in Germany

ISBN 978-3-446-41247-7

Vorwort

Die Bedeutung von Schlüsselkompetenzen steht außer Frage, international wie national. Ein Blick in die Stellenanzeigen zeigt, wie wichtig sie Arbeitgebern sind. Auch Schulen und Hochschulen sind sich ihrer Verantwortung zunehmend bewusst. In die Lehrpläne gehört nicht nur Fachwissen. Mindestens ebenso wichtig sind allgemeine Fähigkeiten, mit den verschiedenen Situationen und Herausforderungen des Lebens zurecht zu kommen. Für jeden Menschen ist eine der wichtigsten Schlüsselkompetenzen das lebenslange Lernen. Das vorliegende Buch gehört zu der Pocket Power-Reihe SoftSkills, die Bausteine für den lebenslangen Prozess des Lernens, der Weiterbildung und Kompetenzentwicklung liefert.

Was sind Schlüsselkompetenzen? Angesichts der Vielzahl an Literatur ist es nicht leicht, den Überblick zu behalten. Kompetenzen setzten sich aus drei Komponenten zusammen: Wissen, Fähigkeiten und Haltungen. Einstellungen und Haltungen bilden dabei die Grundlage, denn es geht um mehr als um reine Techniken. Schlüsselkompetenzen sind überfachliche Kompetenzen, die sich in folgende Dimensionen einteilen lassen:

- Persönliche Kompetenz (z. B. Selbstreflexion, Werte, meine Stärken und Grenzen)
- Soziale Kompetenz (z. B. Kommunikations- und Kooperationsfähigkeit, Verständnisbereitschaft)
- Methodische Kompetenz (z. B. präsentieren, moderieren, verständlich Schreiben)

- Aktionale Kompetenz (z. B. Initiative, Tatkraft, Ausführungsbereitschaft)
- Reflexive Kompetenz (Reflexionsfähigkeit in Bezug auf äußere Erlebnisse und Erfahrungen)

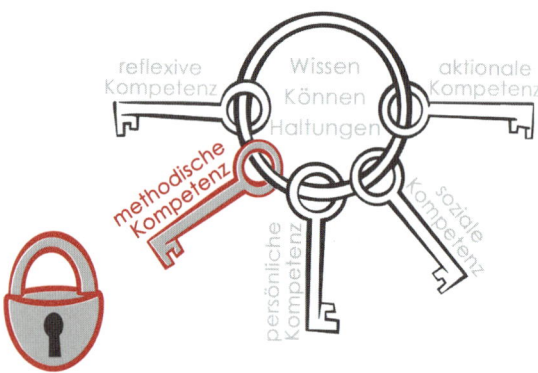

Schlüsselkompetenzen: Fünf Dimensionen, die eng miteinander verknüpft sind. Die reflexive Kompetenz wird hier bewusst als eigene Dimension genannt und bildet den Gegenpol zur aktionalen Kompetenz.

Zur Übersicht dient ein Schlüsselbund, der die fünf Basiskompetenzen darstellt (siehe Bild). Alle Bücher dieser Reihe sind schwerpunktmäßig einer bestimmten Basiskompetenz zuzuordnen. „Perfekt schreiben" vermittelt Ihnen, wie Sie Konzepte, Vorlagen, Protokolle und Presseinformationen so schreiben, dass sie gern gelesen und sofort verstanden werden. Dieser Pocket Power-Band fördert also in erster Linie die *methodische Kompetenz.*

München, Oktober 2007   Anne Brunner

Inhalt

Verwendete Symbole:

 *Tipps*

 *Merke*

 *Achtung*

1
Warum gute Texte wichtig sind

Nach Erreichung des Zielpunktes nahm ich eine Situationsanalyse vor, die ein Military Success-Ereignis zur Folge hatte. Mit diesem Satz wäre Caesar vermutlich nie berühmt geworden. Er schrieb ihn auch nicht. Vielmehr formulierte er in seiner Schrift „Zum Gallischen Krieg": *Ich kam, sah und siegte.* Das ist eindringlich, klar und verständlich.

Viele Texte, mit denen wir im Alltag konfrontiert sind, ähneln leider eher der ersten Version. Dabei ist ein verständlicher Stil Ausdruck intellektueller Disziplin. Der Wissenschaftstheoretiker und Philosoph Sir Karl Popper sagte einmal: „Wer's nicht einfach und klar sagen kann, der soll schweigen und weiterarbeiten, bis er's klar sagen kann." Viele Autoren verbergen nämlich die Unklarheit oder Banalität ihrer Gedanken hinter einer unklaren Ausdrucksweise. Popper zeigte das an einem Beispiel. Er nahm einen Satz des deutschen Soziologen Jürgen Habermas und übersetzte ihn in einfaches Deutsch. Heraus kam eine Binsenweisheit:

[Theorien] erweisen sich für einen speziellen Gegenstandsbereich dann als brauchbar, wenn sich ihnen die reale Mannigfaltigkeit fügt, schrieb Habermas. Popper machte daraus: *Theorien sind auf ein spezielles Gebiet dann anwendbar, wenn sie anwendbar sind.*

Schlecht und unverständlich formulierte Texte sind nicht nur ein Ärgernis für Sprachpuristen, sie sind für Unternehmen ein ernsthaftes Problem:

- Schlechte Texte kosten den Leser Zeit, weil er sie erst mühsam entschlüsseln muss.
- Schlechte Texte verursachen Missverständnisse, weil sie wegen ihrer Unklarheit unterschiedlich interpretiert werden.
- Schlechte Texte können hohe Kosten zur Folge haben, wenn jemand sie falsch versteht.

Bei bestimmten Textformen, zum Beispiel Bedienungsanleitungen, kann ein missverständlicher Text sogar dazu führen, dass ein Unternehmen regresspflichtig gemacht wird.

Gute, verständliche Texte zu schreiben ist keine Kunst. Es ist ein Handwerk, das man lernen kann. Es erfordert allerdings ein wenig Mühe. Der berühmte Journalistenausbilder Wolf Schneider hat es einmal so formuliert:

Einer muss sich quälen – entweder der Leser oder der Autor. Da der Autor ein Interesse daran hat, dem Leser etwas mitzuteilen, sollte er es sein, der sich quält.

Verständlichkeit, nicht „guter Stil"

In diesem Buch geht es nicht um einen „guten Stil". Wenn Sie nach „wegen" den Dativ statt des Genitivs benutzen, stört das vielleicht einen Leser mit ausgeprägtem Sprachgefühl. Er wird Ihren Text dennoch verstehen.

Anders ist das, wenn Sie gegen die Grundregeln der Verständlichkeit verstoßen. Dann weiß der Leser nicht sofort, was Sie meinen. Einige Autoren behaupten nun: Das macht ja nichts! Der Leser kann den Satz mehrmals lesen – so lange, bis er ihn verstanden hat.

Eine solche Sichtweise ist zum einen rücksichtslos dem Leser gegenüber, der wenig Zeit hat und viele Informationen erfassen will. Sie geht zum anderen an der Realität vorbei. Die meisten Leser brechen, wenn sie nicht durch die Umstände dazu gezwungen werden, die Lektüre schwieriger, schwer verständlicher Texte einfach ab.

Oder wie lange würden Sie sich mit einem Satz wie diesem aufhalten, der aus dem Kommunikationskonzept einer deutschen Bank stammt?

Zur Penetration klar definierter Kernthemen muss eine integrierte Kommunikation aller zur Verfügung stehenden Kommunikationsinstrumente im Sinne einer Orchestrierung hin zu unseren Zielgruppen erfolgen.

So formuliert hingegen werden Sie auf Anhieb verstehen, was gemeint ist:

Damit unsere wichtigsten Themen bei den Zielgruppen gut ankommen, müssen alle Instrumente der Kommunikation zusammenwirken.

Hamburger Psychologen haben erforscht, was einen verständlichen Text ausmacht („Hamburger Verständlichkeitsforschung"). Sie haben dafür vier Kriterien gefunden:

- ■ Einfachheit: Der Text sollte aus kurzen, klaren Sätzen und geläufigen Wörtern bestehen sowie konkret und anschaulich geschrieben sein.
- ■ Gliederung und Ordnung: Ein Text muss klar gegliedert sein, die Gedanken sollten logisch aufeinander aufbauen und einem roten Faden folgen.
- ■ Kürze/Prägnanz: Ein Text sollte kurz sein, ohne überflüssige Floskeln oder ausladende Formulie-

rungen. Er darf aber nicht zu kurz sein, weil sonst die Gedanken zu sehr verknappt werden.

■ Anregende Zusätze: Das sind zum Beispiel Anekdoten, rhetorische Fragen und lebensnahe Beispiele. Man darf einen Text allerdings nicht mit solchen Zusätzen überfrachten.

Die Forscher haben diese vier Kriterien in einem so genannten Beurteilungsfenster zusammengefasst. + + und + stehen darin für eine positive Ausprägung der Eigenschaften, 0 steht für eine ausgewogene Ausprägung, – und – – für eine negative Ausprägung. Der optimale Text sieht nach der „Hamburger Verständlichkeitsforschung" aus wie in Bild 1 gezeigt.

In jüngster Zeit hat die Hirnforschung durch die sogenannten bildgebenden Verfahren viele Erkenntnisse der Verständlichkeitsforschung belegt.

Die Neurologen liefern einen einsichtigen Grund für verständliches Schreiben: Unser Gehirn ist nämlich nicht für das Lesen geschaffen. Da in unseren Breiten eine Alphabetisierung breiter Bevölkerungsschichten kaum 200 Jahre zurückliegt, hatte die Natur noch keine Möglichkeit, sich auf diese Aufgabe

Einfachheit	Gliederung, Ordnung	++	++
Kürze, Prägnanz	Zusätzliche Stimulanz	0	0

Bild 1: Beurteilungsfenster für einen optimalen Text nach der „Hamburger Verständlichkeitsforschung"

genetisch einzurichten. Zum Lesen nutzen wir Menschen deshalb Fähigkeiten, die eigentlich für andere Dinge gedacht waren.

Es spricht somit vieles dafür, es dem Gehirn so leicht wie möglich zu machen. Je mehr sich unser Gehirn anstrengen muss, zu verstehen, was das Geschriebene bedeutet, desto weniger Energie steht ihm zur Verfügung, um sich mit dem *Inhalt* des Geschriebenen zu beschäftigen.

Für die Analyse von Sprache ist normalerweise die linke Gehirnhälfte zuständig. In ihr wird die Grammatik verarbeitet; hier ist die Bedeutung abstrakter Begriffe gespeichert. Die meisten Texte, mit denen wir im Alltag konfrontiert sind, aktivieren nur diese Hirnhälfte. Der Münchner Neurologe Professor Ernst Pöppel spricht vom „begriffsorientierten Lesen".

In der rechten Gehirnhälfte wohnt unsere Fantasie, die räumliche Vorstellung, das Sinnliche. Guten Romanen und Gedichten gelingt es, beim Lesen auch diese Hemisphäre anzusprechen. Pöppel nennt dies das „bildorientierte Lesen" – denn im Kopf des Lesers entsteht ein kleiner Film.

Wer sich an die Regeln einer klaren und anschaulichen Sprache hält, kann den Leser auch emotional bewegen und seine Sinne ansprechen.

2
Immer an die Leser denken

2.1 Warum soll ich das jetzt lesen?

WORUM GEHT ES?

Die meisten Leser haben heute wenig Zeit. Sie wollen ohne Umschweife erfahren, was in einem Text steht, jedenfalls wenn es sich um einen Sachtext handelt. Der Chefredakteur eines bekannten Magazins pflegte Journalisten bei jedem Artikel zu fragen: „Sagen Sie mir, warum soll ich das jetzt lesen?" Wenn der Journalist nicht in ein oder zwei Sätzen antworten konnte, lehnte er den Artikelvorschlag ab.

Dieser Chefredakteur reagierte wie die meisten Leser. Deshalb sollte sich jeder Autor vor Augen halten: Der Leser investiert in einen Text einen Teil seiner Lebenszeit. Er hat ein Recht darauf, bereits in den ersten Zeilen zu erfahren, welchen Mehrwert er davon hat.

WAS BRINGT ES?

Was kann dieser Mehrwert für den Leser sein?

■ Er erfährt etwas Neues. Der Text gibt ihm Informationen, die er bislang nicht hatte. Er weckt seine Neugier.

■ Er erfährt etwas Nützliches. Die Informationen in dem Text helfen ihm, Dinge leichter, schneller, effektiver oder mit mehr Freude zu erledigen. Sie zeigen ihm, wie er ein Problem lösen kann. Der Text hat also einen Nutzwert.

■ Er unterhält sich. Es macht Spaß, den Text zu lesen und er vertreibt dem Leser die Langeweile.

Leseverhaltensforscher haben herausgefunden, dass Leser innerhalb der ersten drei Sekunden entscheiden, ob sie ein Text interessiert. Schafft es der Text nicht, innerhalb dieser Zeit Aufmerksamkeit zu wecken, wird der Leser das Papier beiseitelegen oder weiterblättern. Es ist deshalb wichtig, dass Sie am besten schon in der Überschrift klarmachen: Darum geht es in meinem Text und darum solltest du, lieber Leser, dich dafür interessieren.

Ein Text muss spätestens im ersten Absatz die Frage beantworten: Warum soll ich das jetzt lesen?

Wenn Sie zum Beispiel eine Vorlage für Ihren Vorgesetzten schreiben oder eine Pressemitteilung für eine Fachzeitschrift, konkurriert Ihr Text mit vielen anderen. Umständliche Einleitungen, bevor Sie zum Punkt kommen, führen oft dazu, dass er der Selektion zum Opfer fällt – ganz einfach, weil niemand erkannt hat, welchen Mehrwert er verspricht.

WIE GEHE ICH VOR?

Beginnen Sie ein Konzept nicht mit einer ausführlichen Problembeschreibung. Das langweilt und ruft beim Leser das Gefühl hervor: „Diese Probleme kenne ich doch alle schon!" Skizzieren Sie stattdessen bereits im ersten Absatz, welche Lösung Sie gefunden haben – und warum diese Lösung anderen überlegen ist.

Um abzuschätzen, was an Ihrem Text interessant sein könnte, sollten Sie sich Gedanken darüber machen, wer überhaupt Ihr Leser ist. Richtet sich der Text nur an Ihren Vorgesetzten und die Kollegen, zum Beispiel bei einem Marketingkonzept? Oder sollen Fachleute mit einem Artikel in einer Fachzeitschrift angesprochen werden? Ist er gar für die breite, fachlich nicht versierte Öffentlichkeit gedacht, zum Beispiel eine Pressemitteilung für die lokale Zeitung?

Was Sie über Ihren Leser wissen sollten

Je nachdem, wie sich die potentielle Leserschaft darstellt, kann der Autor bestimmte Entscheidungen treffen:

- Welches Vorwissen kann man bei den Lesern voraussetzen? Muss der Text Hintergründe ausführlich erklären? Oder kann der Autor davon ausgehen, dass die meisten Informationen bereits bekannt sind?
- Wie viel Zeit hat der Leser? Vorgesetzte können sich zum Beispiel meistens nicht in 30-seitige Vorlagen einlesen. Sie wollen das Wichtigste auf ein, zwei Seiten zusammengefasst haben. Ein Handbuch hingegen sollte so ausführlich wie nötig sein, damit keine Fragen offen bleiben.
- Wie weit sind die Leser mit Fachbegriffen vertraut? Technische Fachbegriffe werden von einem Ingenieurkollegen vermutlich ohne weiteres verstanden, während sie einem Betriebswirt erklärt werden sollten – und umgekehrt.

Fachbegriffe erklären!

Viele Autoren überschätzen das Vorwissen ihrer Leser und die Kenntnis von Fachbegriffen. Viele mögen einen Fachbegriff schon einmal gehört haben, wissen aber nicht genau, was sich dahinter verbirgt. Sie trauen sich

nicht zu fragen, um nicht als unwissend dazustehen. Wenn Sie unsicher sind, erklären Sie besser einen Fachbegriff einmal zu oft, als Ihre Leser im Ungefähren zu lassen.

2.2 Welchen Küchenzuruf hat Ihr Text?

WORUM GEHT ES?

Jeder Text sollte eine klare Aussage haben. Diese Forderung klingt selbstverständlich. Sie wird aber von sehr vielen Autoren missachtet. Als Leser merken Sie es sofort, wenn einem Artikel, einem Konzept oder einer Rede die zentrale Aussage fehlt. Sie fragen sich nämlich nach der Lektüre: Was will mir der Autor eigentlich sagen?

Es gibt ein einfaches Instrument, mit dem Journalisten überprüfen, ob ihr Artikel eine solche zentrale Aussage besitzt: den *Küchenzuruf.*

Was ist der Küchenzuruf? Er ist eine Erfindung von Henri Nannen, dem Gründer des Magazins *Stern.* Frei nach Henri Nannen zusammengefasst, geht der Küchenzuruf etwa so: Onkel Herbert und Tante Helga gehen am Donnerstag zum Kiosk und kaufen sich dort die neueste Ausgabe des *Stern.* Zu Hause angekommen zieht Onkel Herbert die Straßenschuhe aus und schlüpft in die Puschen. Dann geht er ins Wohnzimmer und legt sich auf die Chaiselongue, um in Ruhe im *Stern* zu lesen. Tante Helga begibt sich derweil in die Küche, bindet sich eine Schürze um und macht sich an den Abwasch.

Nachdem Onkel Herbert die erste Geschichte im *Stern* gelesen hat, ruft er zum Beispiel in die Küche. „Helga, stell dir vor: Wenn das mit der Klimakatastrophe so weitergeht, wird in 40 Jahren Wiesbaden an der Nordsee liegen!"

Dieser eine Satz ist der Küchenzuruf der Geschichte. Er ist das, was der Leser als Mindesterkenntnis aus der Lektüre des Artikels entnehmen soll. Und er ist die Antwort auf die Frage: „Was will uns der Autor mit seinem Text sagen?"

Man kann diese Forderung nach einem Küchenzuruf mühelos auf alle Sachtexte erweitern. Sie alle sollten sich in einer zentralen Aussage zusammenfassen lassen – solange es sich nicht um rein literarische Werke handelt.

Ohne Küchenzuruf geht es nicht!
Jeder Text, der anderen etwas mitteilen will, muss einen Küchenzuruf haben!

Wichtig ist auch, dass ein Text nur *einen* Küchenzuruf hat, nicht zwei, nicht drei oder gar noch mehr. Wenn es verschiedene zentrale Aussagen mitzuteilen gibt, so sollte man zu jeder Aussage einen eigenen Text verfassen.

Ein Trick mit dem Küchenzuruf
Manchmal lässt es sich nicht vermeiden, in einem Text mehrere zentrale Aussagen unterzubringen. Zum Beispiel wenn in einem Marketingkonzept drei verschiedene Vorteile herausgestellt werden sollen. Dann gibt es einen Trick: Küchenzuruf wird die Tatsache selbst, dass es mehrere Aussagen gibt. Im Beispiel lautet also der Küchenzuruf: *Unser Produkt hat drei entscheidende Vorteile!*

WAS BRINGT ES?
Der Küchenzuruf hat für den Leser den Vorteil, dass er nach der Lektüre genau sagen kann, was ihm

vermittelt werden sollte. Viele Studien ergeben, dass ich Leser eines Textes nur wenige Informationen merken können. Durch den Küchenzuruf stellen Sie sicher, dass Ihre wichtigste Aussage auch vom Leser als wichtigste Aussage wahrgenommen wird.

Der Küchenzuruf hilft aber auch dem Autor. Dieser sollte keinen Text in Angriff nehmen, bevor er sich nicht über dessen Küchenzuruf klar geworden ist.

WIE GEHE ICH VOR?

Sie können das Instrument des Küchenzurufs in jeder Phase des Schreibens anwenden.

1. Schritt: Küchenzuruf formulieren

Bevor Sie einen Text schreiben, legen Sie einen Küchenzuruf fest. Dies gilt besonders, wenn Sie den Text für einen Dritten verfassen – etwa im Auftrag Ihres Chefs oder für die Redaktion einer Fachzeitschrift.

Erklären Sie es einem Kollegen!
Wenn Sie sich nicht sicher sind, wie Ihr Küchenzuruf lauten könnte, versuchen Sie, einem Kollegen, Ihrem Lebenspartner oder einem Freund zu erzählen, worüber Sie schreiben wollen. Oft kommt es dann zu dem, was der Schriftsteller Heinrich von Kleist die „allmähliche Verfertigung der Gedanken beim Reden" genannt hat.

2. Schritt: Recherche

Mithilfe des Küchenzurufs können Sie Ihre Recherche strukturieren und sich auf das Wesentliche konzentrieren. Sie ersparen sich dadurch die Suche nach

Informationen, die mit Ihrem Thema und Ihrer intendierten Aussage nichts zu tun haben.

3. Schritt: Küchenzuruf formulieren und eventuell neu formulieren

Sollten Sie im Verlauf der Recherche auf Fakten stoßen, die Ihrem Küchenzuruf widersprechen, müssen Sie diesen eventuell anpassen oder neu formulieren. Vielleicht bricht ja Ihre Hypothese unter der Last der Recherche zusammen. Formulieren Sie dann einen neuen Küchenzuruf.

4. Schritt: gemäß Küchenzuruf schreiben

Beim Schreiben achten Sie darauf, dass Sie nicht abschweifen. Bedenken Sie stets: Passt das, was ich gerade schreibe, noch zum Küchenzuruf? Oder habe ich mich davontreiben lassen?

Streichen, was nicht dazugehört!
Seien Sie radikal mit sich selbst: Streichen Sie alle Passagen, die nicht im Zusammenhang mit Ihrem Küchenzuruf stehen – auch wenn's Ihnen zunächst schwer fällt.

5. Schritt: Text auf Küchenzuruf überprüfen

Wenn Sie Ihren Text beendet haben, lassen Sie ihn auf jeden Fall von einem Unbeteiligten gegenlesen. Fragen Sie ihn: Was ist die Kernaussage des Textes? Sollte er Ihren Küchenzuruf nicht sofort treffen, müssen Sie nachjustieren. Bitte keine Ausreden! Sie können schließlich nicht jedem Leser einzeln erklären, was Sie *eigentlich* mit Ihrem Text gemeint haben. Bild 2 zeigt die einzelnen Schritte im Überblick.

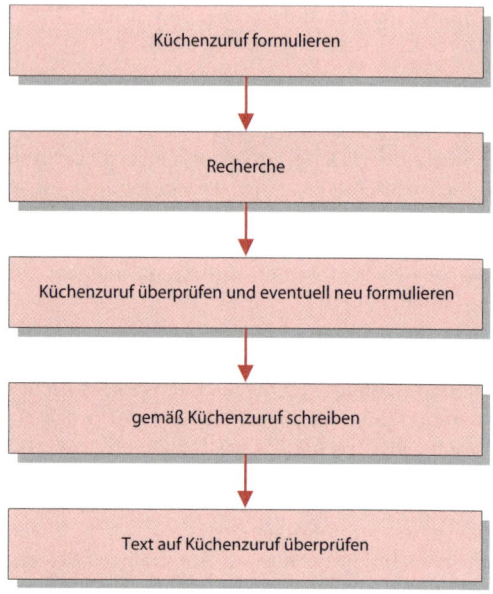

Bild 2: Die Textproduktion mit dem Küchenzuruf

2.3 Logik und roter Faden

WORUM GEHT ES?

Gegenüber ihrem Leser haben die Autoren einen wichtigen Vorteil: Sie kennen den Stoff, über den sie schreiben. Und sie wissen in der Regel, wie die verschiedenen Aussagen ihres Textes zusammenhängen.

Der Leser weiß dies vorher nicht! Er folgt einem Gedanken Satz für Satz durch den Text. Auslassungen verwirren ihn. Gedankensprünge bringen ihn

ins Straucheln. In einem Gespräch könnte er nach-
fragen: „Ich habe Sie nicht verstanden. Können Sie
mir den Zusammenhang noch einmal erläutern?"
Der Leser kann das nicht!

Studien mit Blickverlaufstests haben ergeben,
dass die meisten Leser nach spätestens drei oder vier
Gedankensprüngen in einem Text nicht mehr weiterlesen. Sie haben dann das Gefühl: Diesen Text ver-
stehe ich sowieso nicht.

Ein Beispiel für einen Widerspruch im Text, den
der Autor aufklären müsste: In einer Umfrage wurde
das Ansehen der Vorstandsvorsitzenden der größten
deutschen Unternehmen (diejenigen, die im Börsen-
index „DAX 30" vertreten sind) erfragt. In der Pressemitteilung dazu heißt es: „Ein weiteres Ergebnis
zeigt, dass die DAX-30-Unternehmen klarer und positiver wahrgenommen werden als ihre Vorstandsvorsitzenden." Zwei Sätze weiter steht: „Die Studie
belegt erneut, dass die Reputation des CEO [Vor-
standschefs, d.A.] und die des Unternehmens eng
miteinander verknüpft sind." Nanu, fragt sich da der
Leser. Wenn der Ruf des Vorstandsvorsitzenden eng
mit dem Ruf des Unternehmens verknüpft ist, wieso
werden dann die Unternehmen positiver wahrgenommen als ihre Chefs?

WAS BRINGT ES?

Die Wissenschaftler der „Hamburger Verständlichkeitsforschung" zeigen an einem Beispiel, wie unge-
ordnete Gedanken das Verständnis eines Textes er-
schweren. Es handelt sich um eine Definition des
Begriffs „Raub":

*Jemand wendet gegen einen anderen Gewalt an. Das
ist Raub, es gehört ihm nämlich nicht. Er will es für sich*

behalten, was er ihm wegnimmt. Zum Beispiel ein Bankräuber, der dem Angestellten mit der Pistole droht. Auch wenn man jemandem droht, dass man ihm etwas Schlimmes antun will, ist es Raub.

Die Forscher haben nachgewiesen, dass ein solcher Text nur schwer verstanden wird. Die Leser müssen die einzelnen Argumente im Kopf neu ordnen und zu einer logischen Gedankenfolge zusammensetzen.

WIE GEHE ICH VOR?

Lesen Sie Satz für Satz Ihres Textes. Überprüfen Sie, ob die Sätze logisch aufeinander folgen. Gehen Sie dabei so unvoreingenommen wie möglich vor. Das ist nicht ganz einfach, denn Sie selbst wissen ja um die Zusammenhänge. Falls es Ihnen schwer fällt, sich gleichsam dumm zu stellen, bitten Sie einen Kollegen, Freund oder Ihren Lebenspartner, Ihren Text Satz für Satz zu lesen.

Laut lesen!
Oft hilft es, sich den Text laut vorzulesen. Dabei fallen einem Ungereimtheiten eher auf als beim stummen Lesen.

Besondere Vorsicht ist bei unterordnenden Bindewörtern geboten. Dazu gehören unter anderen:

- Deshalb, darum, weil, also: Sie zeigen einen kausalen Zusammenhang an.
- Jedoch, doch, andererseits, obwohl: Sie bezeichnen einen Widerspruch oder eine Einschränkung.
- Wenn, falls: Sie geben eine Bedingung an.

Überprüfen Sie, ob Sie diese Bindewörter zu Recht verwendet haben. Seien Sie dabei ruhig ein bisschen penibel. Ein Beispiel aus einem Text über einen bayerischen Urlaubsort:

Bekannt ist das oberbayerische Inzell als Eisschnelllauf-Mekka. Doch mittlerweile hat sich der idyllische Urlaubsort zum Familienparadies entwickelt.

Warum sollten Eisschnelllauf-Mekka und Familienparadies ein Widerspruch sein? Das „doch" ist missverständlich angewendet.

Streichen Sie Bindewörter!
Wenn Ihr Text an sich gut strukturiert ist, sind Bindewörter oft überflüssig. Er muss auch ohne sie klar und logisch sein.

Es reicht jedoch nicht aus, dass die Sätze logisch miteinander verknüpft sind. Denn sie können auch in die falsche Richtung oder auf Abwege führen. Der Text muss auch einem roten Faden folgen, das heißt, er muss insgesamt logisch aufgebaut sein.

Dabei hilft es oft, sich den Gedankengang als eine Kette aus Argumenten vorzustellen, die logisch zusammenhängen (Bild 3). Malen Sie sich diese Kette auf. Das Bild hilft Ihnen dabei, Ihre Gedanken in eine überzeugende Ordnung zu bringen. Achtung! Verwechseln Sie die Argumentationskette nicht mit dem Mindmapping. Bei dieser Kreativitätsmethode wird nämlich bewusst auf eine logische Einordnung verzichtet und mit Assoziationen gearbeitet.

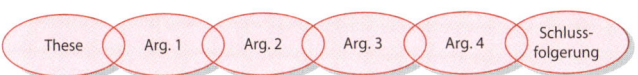

Bild 3: Argumentationskette

3
So schreiben Sie Klardeutsch

In diesem Kapitel finden Sie die fünf wichtigsten Regeln für klares Deutsch. Sie helfen Ihnen, Texte zu schreiben, die es Ihren Lesern leicht machen.

Klardeutsch macht Ihre Texte nicht nur zugänglicher und verständlicher. Sie werden auch eleganter und lesenswerter. Wer glaubt, seine Leser mit komplizierten Sätzen und hochgestochenen Formulierungen beeindrucken zu können, ist auf dem Holzweg.

Das Gegenteil trifft zu: Je klarer Sie sich ausdrücken, desto mehr Eindruck werden Sie machen. Denn Kompliziertes einfach zu formulieren, erfordert mehr Mühe und Können, als Belanglosigkeiten in hochtrabende Worte zu kleiden. Klar zu formulieren ist aber keine Frage des Talents. Wenn Sie sich an die folgenden Regeln halten, werden Sie wirksame Texte verfassen, die der Laie versteht und die Experten Ihres Fachs überzeugen werden.

Die fünf wichtigsten Regeln für klares Deutsch lauten:

- Überflüssiges streichen!
- Die richtigen Worte finden!
- Lebendig schreiben!
- Sätze übersichtlich konstruieren!
- Glasklar gliedern!

3.1 Überflüssiges streichen

WORUM GEHT ES?

„Wenn es möglich ist, ein Wort zu streichen – streiche es!" In diesem Satz bringt George Orwell die wichtigste aller Regeln des Schreibens auf den Punkt. Räumen Sie Ihren Lesern den Weg frei; tilgen Sie alle überflüssigen Absätze, Sätze, Wörter und Silben aus Ihrem Text! Wie eine Maschine keine unnötigen Teile enthält, sollten Texte frei sein von sprachlichem Ballast. Ein Beispiel:

Infolge der weltweiten Globalisierung ergibt sich die Problematik, dass die Umsatzzahlen vieler Konzerne, aber auch kleiner und mittelständischer Unternehmen – insbesondere aus Bereichen wie der Automobilindustrie, des Baugewerbes oder der Textilindustrie – zukünftig noch weiter absinken werden.

Dieser Satz enthält 35 Worte, mehr als die Hälfte davon sind ganz oder teilweise überflüssig. Oder fehlt Ihnen etwas, wenn Sie den gleichen Inhalt so formuliert lesen:

Infolge der Globalisierung werden die Umsätze vieler Unternehmen weiter sinken; besonders betroffen: die Automobil-, Textil- und Baubranche.

WAS BRINGT ES?

Ihr Chef, Ihre Kollegen und Ihre Kunden haben eines gemeinsam: Sie alle haben weder Zeit noch Lust, sich durch überfrachtete Texte zu quälen. Lassen Sie deshalb alles Überflüssige weg! Egal, ob Sie an einer Beschlussvorlage für den Aufsichtsrat sitzen, an einem Artikel für die Mitarbeiterzeitschrift oder an einer Gebrauchsanweisung – geizen Sie mit Worten, streichen Sie jede Silbe, die keinen Sinn transportiert! Ihr

Text wird dadurch schlanker und klarer. Das bringt Vorteile für den Leser:

- Er spart Zeit, weil er nicht erst nutzlose Worthülsen wegräumen muss, um den Sinn des Textes freizulegen.
- Er kann Ihre Gedanken leicht erfassen, weil sie nicht von überflüssigen Phrasen verdeckt werden.
- Er liest mit Genuss, weil er nicht ständig an sprachlichem Gestrüpp hängen bleibt.

WIE GEHE ICH VOR?

Wenn Sie Ihren Text zu Papier gebracht haben, ist er noch nicht fertig. Lesen Sie ihn kritisch und streichen sie alles, was der Leser nicht braucht!

Das hat schon Goethe so gemacht. Als er einmal nicht dazu kam, einen Brief noch einmal zu überarbeiten, schrieb er darunter: „Lieber Freund, bitte entschuldigt diesen viel zu lang geratenen Brief. Ihr müsst verzeihen, ich hatte wenig Zeit."

Vorsicht vor leeren Phrasen!

Das sind jene Floskeln, mit denen Schreiber und noch häufiger Redner ihre Texte verzieren, damit sie möglichst pompös und wichtig daherkommen.

In diesem Zusammenhang möchte ich es nicht versäumen, darauf hinzuweisen, dass die Bereiche Marketing und Vertrieb in unserem Hause eng zusammenarbeiten.

So formulieren Schreiber, die ernst genommen werden wollen, obwohl sie kaum etwas zu sagen haben. Lassen Sie uns diese sprachliche Luftblase zum Platzen bringen, damit die heiße Luft entweichen kann!

Die Phrase *in diesem Zusammenhang* kann sich der Autor sparen. Es wäre doch seltsam, wenn das, was er sagen will, mit dem, was er schon gesagt hat, in keinem Zusammenhang stünde. Auch, dass er *es nicht versäumen möchte, darauf hinzuweisen*, braucht der Autor nicht mitzuteilen. Wir werden auch ohne derlei Vorbereitung merken, wenn er uns etwas zu sagen hat. Dass Marketing und Vertrieb *Bereiche* sind, hilft uns nicht weiter. Bereiche, Sektoren, Ebenen – streichen Sie solche blutleeren Abstrakta aus Ihrem Wortschatz! Es bleibt der schlichte Satz: *Marketing und Vertrieb arbeiten bei uns eng zusammen.*

Verschonen Sie Ihre Leser mit Phrasen! Schreiben Sie lakonisch: kurz, einfach, ohne zusätzliche Erläuterungen.

Weil das Wort *Bereich* besonders viele Texte verhunzt, hier noch ein typisches Beispiel:

Der MVV (Münchner Verkehrsverbund) *hat seine Pläne zur Optimierung und Beschleunigung in allen Systembereichen vorgelegt.*

Was um Himmels willen ist ein *Systembereich*? Dieses Wort transportiert keinen Sinn. Es sei denn für den, der es geschrieben hat und der weiß, was er damit ausdrücken will. Doch wenn er es weiß, warum sagt er es dann nicht einfach? Zum Beispiel so:

Der MVV will sein Angebot verbessern: Busse und Bahnen (nichts anderes ist mit „Systembereichen" gemeint) *sollen noch komfortabler werden und häufiger fahren.*

Jetzt wissen wir, was der MVV vorhat.

Weg mit den Flickworten!

Gesprochene Sprache ist voll von überflüssigen Worten. Sie geben dem Sprecher Zeit zum Denken; einen anderen Sinn haben sie nicht. Wer solche Worte in geschriebene Texte flickt, verrät, dass er sich beim

Schreiben nicht mehr Mühe macht als beim Schwatz mit dem Nachbarn.

Beispiele für überflüssige Flickworte:
allenfalls, allzu, also, anscheinend, augenscheinlich, bloß, bekanntlich, dabei, dann und wann, denkbar, demgegenüber, des Öfteren, durchaus, echt, einigermaßen, einmal, etwa, folglich, gänzlich, gar, glatt, gleichsam, halt, immerhin, indessen, in der Tat, irgendwie, längst, nichtsdestoweniger, offenbar, offensichtlich, ohne weiteres, praktisch, quasi, reiflich, relativ, richtiggehend, samt und sonders, schlichtweg, schließlich, schon, sicherlich, sozusagen, überaus, vergleichsweise, vielfach, voll, völlig, voll und ganz, weitgehend, wiederum, wirklich, wohl, ziemlich, zuweilen.

Diese Liste ist *längst* nicht vollständig. Im Gegenteil: Sie ist *wohl irgendwie relativ* kurz, *gleichsam* zu kurz, um die Reihe der Füllwörter *einigermaßen* umfassend abzubilden, die die deutsche Sprache *zuweilen* bereithält. Dafür ist in diesem *vergleichsweise* schmalen Buch *schlichtweg* kein Platz. *Vielfach* reicht es *wiederum völlig*, ein paar solcher Worte in einen *sozusagen voll und ganz* überfrachteten Beispieltext zu pressen. Der Leser wird dann *gewissermaßen* mit der Nase darauf gestoßen, dass Füllwörter *samt und sonders quasi ziemlich* unnötig sind.

Hüten Sie sich vor Eigenschaftswörtern!

Das sind jene Worte, die andere Eigenschaftswörter (Adjektive und Adverbien), Handlungen, Dinge oder Menschen beschreiben. In vielen Fällen ist das völlig unnötig, ja widersinnig. Als Paradebeispiel dafür haben uns unsere Deutschlehrer den *weißen* Schimmel genannt. Das Adjektiv *weiß* transportiert keinerlei zusätzlichen Sinn. Der Leser braucht es nicht, um sich den Schimmel vorstellen zu können. Denn er hat sowieso ein *weißes* Pferd vor Augen, sobald er das Wort Schimmel liest.

Vor offensichtlichen Doppelmopplern (korrekt: Tautologien oder Pleonasmen) wie dem weißen Schimmel sind wir also auf der Hut. Aber wie steht es mit folgenden Wendungen, auf die man selbst in angesehenen Zeitungen immer wieder stößt?

Beispiele für überflüssige Adjektive
In unzähligen Texten sind
Felswände *steil*, hat jemand
eine *dunkle* Ahnung oder ist
der *festen* Überzeugung, dass …

Viel zu häufig bringen Autoren
ein *exemplarisches* Beispiel, präsentieren ihren Lesern
seltene Raritäten, beklagen die Folgen
der *weltweiten* Globalisierung oder
schwerer Verwüstungen.

Allzu oft lassen sie Unfallopfer ihren
schweren Verletzungen erliegen, Politiker
konkrete Maßnamen ergreifen oder Mitarbeiter
sich den *gestellten* Aufgaben widmen.

Und nach jeder Wahl ist es unvermeidlich, dass sich
die Sieger für das ihnen *entgegengebrachte* Vertrauen
bedanken – ja für welches denn sonst!

Streichen Sie solche Adjektive! Sie sind nutzloser Sprachmüll, der Ihren Lesern die Zeit stiehlt und die Lust am Lesen verleidet.

Machen Sie die Probe!
Ersetzen Sie die Adjektive in Ihrem Text durch jene, die
jeweils das Gegenteil ausdrücken. Wenn dabei sinnlose
Formulierungen entstehen, sollten Sie das Adjektiv streichen. Hier einige Beispiele:
Die *häufige* Rarität ist ein Widerspruch in sich, genauso
wie die *lokale* Globalisierung, die *helle* Ahnung oder die
weiche Überzeugung. *Leichten* Verletzungen ist noch niemand erlegen; Felswände, die *nicht steil* sind, sind keine;
und wer *abstrakte* Maßnahmen ergreift, ist nicht bei
Trost.

Ähnlich verhält es sich mit vielen Adverbien, Worten
also, die Verben beschreiben. So liest man immer
wieder von Bürgern, die bei der Stadtplanung *aktiv*
beteiligt wurden oder von Abiturienten, die ihre Prüfung *erfolgreich* bestanden haben. Hand aufs Herz:
Haben Sie sich schon einmal *passiv* an etwas beteiligt
oder eine Prüfung *erfolglos* bestanden?

Weitere Argumente gegen Eigenschaftswörter

Es gibt weitere Gründe, Adjektive und Adverbien aus
Ihren Texten zu tilgen: Sie sind unpräzise, verwäs-
sern den Text und jeder versteht sie anders.
„Gestern hatte ich eine wunderschöne Nacht", bedeutet aus dem Mund eines Hobby-Sternguckers etwas anderes als aus dem eines Sado-Masochisten. Sie
können nie sicher sein, dass der Sinn, den Sie mit
einem Adjektiv transportieren möchten, bei Ihren
Lesern ankommt. Die meisten Eigenschaftswörter
helfen dem Leser nicht weiter. Oder können Sie sich
den Stuhl, auf dem ich sitze, besser vorstellen, wenn
ich Ihnen mitteile, dass er schön und stabil ist? Zudem rauben Eigenschaftswörter den Worten, die sie

beschreiben, die Kraft. Sie hindern die Fantasie des Lesers daran, sich zu entfalten.

Goethe schrieb *nicht*: „Über allen *hohen* Gipfeln ist *unheimliche* Ruh, in allen *stillen* Wipfeln spürest Du nicht den *leisesten* Hauch. Die *flinken* Vögelein schweigen im *finsteren* Walde, warte nur, balde ruhest *friedlich* Du auch.“

Er ließ die Hauptwörter für sich sprechen und schuf damit eines der bekanntesten deutschen Gedichte:

Wanderers Nachtlied
Über allen Gipfeln ist Ruh,
in allen Wipfeln spürest Du
kaum einen Hauch.
Die Vögelein schweigen im Walde.
Warte nur, balde ruhest Du auch.

Machen Sie es wie Goethe, vertrauen Sie der Kraft der Hauptwörter und Verben und haben Sie bei jedem Absatz ein schlechtes Gewissen, der mehr als ein Adjektiv enthält!

Überflüssige Vorsilben

Sprachlicher Ballast versteckt sich oft im Detail. Selbst Vorsilben können Ihrem Text schaden. Wenn sie keinen zusätzlichen Sinn transportieren, nehmen sie Ihren Formulierungen die Eleganz. Es gibt unzählige Beispiele: Ich könnte diesen Satz jetzt *ab*ändern. Doch was verlöre ich, wenn ich ihn einfach *änderte*? Muss ich mit einem weiteren Beispiel *auf*zeigen, was ich meine? Oder ist es genug, es zu *zeigen*? Ich habe die *nach*folgenden Beispiele für überflüssige Vorsilben nach dem Alphabet *an*geordnet; dabei hätte es genügt, sie zu *ordnen*.

Beispiele für überflüssige Vorsilben:

Mit überflüssigen Vorsilben	*Ohne überflüssige Vorsilben*
anmieten	mieten
anordnen	ordnen
ansteigen	steigen
aufsummieren	summieren
einsparen	sparen
mit einbeziehen	einbeziehen
nachfolgen	folgen
überprüfen	prüfen
vorausahnen	ahnen

Durchforsten Sie Ihren Text nach überflüssigen Buchstaben, Vorsilben, Wörtern und Sätzen! Streichen Sie alles, was der Leser nicht braucht! Denn „Vollständigkeit entsteht nicht dann, wenn man nichts mehr hinzufügen kann, sondern dann, wenn man nichts mehr wegnehmen kann." (Antoine de Saint-Exupéry).

3.2   Die richtigen Worte finden

WORUM GEHT ES?

Wenn Sie die erste Klardeutsch-Regel beherzigt haben, ist viel erreicht: Jedes Wort in Ihrem Text hat seinen Sinn, keines ist überflüssig. Damit allein ist aber noch nicht gewährleistet, dass die Leser Ihren Text verstehen und gern lesen. Sie müssen weiter feilen, um die richtigen Worte ringen. Zwei Fragen helfen Ihnen dabei:

- Gibt es einfachere Worte, mit denen ich das Gleiche sagen kann?

- Gibt es treffendere Worte für das, was ich sagen will?

WAS BRINGT ES?

In „Kommunikatives Handeln und detranszendentalisierte Vernunft" schreibt der Philosoph Jürgen Habermas:

> *Die metaphysikkritische Pointe von Kants Warnung vor einem apodiktischen Vernunft- bzw. einem transzendenten Verstandesgebrauch bleibt auch nach einer Detranszendentalisierung, welche die objektive Erkenntnis an diskursive Rechtfertigung als „Probierstein der Wahrheit" bindet, erhalten.*

Mag sein, Habermas hat Recht. Mag sogar sein, dass jedes Wort in diesem Satz seinen Sinn hat. Trotzdem verstehen wir ihn schwer. Von Habermas können wir nur mit viel Mühe etwas über kommunikatives Handeln und detranszendentalisierte Vernunft lernen. Dafür lehrt er uns eindringlich: Wenn du verstanden werden willst, verwende einfache Worte!

Die Imponiervokabeln, mit denen manche deutsche Professoren ihre Studenten quälen, sind für die Betroffenen ärgerlich, sonst aber harmlos. Politiker, PR-Leute und andere professionelle Verschleierer dagegen setzen Worte geradezu heimtückisch ein: Aus dem Waldschadensbericht machen sie den *Waldzustandsbericht*, Deponien für Atommüll verwandeln sie in *Entsorgungsparks* und wenn sie jemanden feuern, sagen sie: „Wir haben Mitarbeiter *freigesetzt*."

Entlarven Sie solche Tarnwörter! Plappern Sie nicht nach, was Ihnen andere unterjubeln wollen, sondern informieren Sie Ihre Leser redlich – indem Sie die treffenden Worte finden!

WIE GEHE ICH VOR?

Ziehen Sie kurze Wörter vor!

In der Kürze liegt die Würze, sagt der Volksmund. Recht hat er. Wenn Sie die Wahl haben zwischen zwei Worten, nehmen sie das kürzere! Denn je weniger Silben ein Wort hat, desto verständlicher ist es – und desto mehr Kraft hat es. „Es sind die uralten Einsilber, in denen die Grundtatsachen unseres Lebens und unsere stärksten Gefühle eingefangen sind: Kopf und Fuß, Haus und Hof, Geld und Geiz, Hass und Neid, Wut und Gier, Glück und Pech, Angst und Qual, Not und Tod." (Wolf Schneider, 1994)

Die Dichter wissen um die Macht der kurzen Worte. Goethe zum Beispiel hat aus 24 Worten „Wanderers Nachtlied" (vgl. Seite 32) gemacht: elf Einsilber, zwölf Zweisilber, ein Dreisilber – sonst nichts.

Oder die Brüder Grimm. Das Märchen vom Hans im Glück beginnen sie so:

Hans hatte sieben Jahre bei seinem Herrn gedient, da sprach er zu ihm: „Herr, meine Zeit ist um, nun wollte ich gern wieder heim zu meiner Mutter, gebt mir meinen Lohn." Der Herr antwortete: „Du hast mir treu und ehrlich gedient – wie der Dienst war, so soll der Lohn sein", und gab ihm ein Stück Gold, das so groß als Hansens Kopf war. Hans zog sein Tüchlein aus der Tasche, wickelte den Klumpen hinein, setzte ihn auf die Schulter und machte sich auf den Weg nach Haus.

Jacob und Wilhelm Grimm brauchen 87 Wörter, 65 davon haben nur eine Silbe, alle sind einfach und voller Wucht.

Kürzer ist besser!
Das kürzere Wort ist immer das einfachere, verständlichere und kraftvollere. Der Dichter Jean Paul hat es so gesagt: „Je länger aber ein Wort, desto unanschaulicher."

Wir können übrigens vertraute Wörter viel leichter lesen, da ihr Schriftbild vom Gehirn als Bild wahrgenommen wird. Das bedeutet, unser Gehirn muss ein Wort nicht Silbe für Silbe entziffern, sondern wir erfassen es mit einem Blick und unser Gehirn kann sofort nach seiner Bedeutung forschen.

Einfache Worte verwenden
Nicht Erwartungshaltung, sondern Erwartung,
nicht Gefährdungspotential, sondern Risiko,
nicht Lastkraftwagen, sondern Laster,
nicht lautstark, sondern laut,
nicht Lösungsansatz, sondern Lösung,
nicht Postwertzeichen, sondern Briefmarke,
nicht Problematik, sondern Problem,
nicht Ratschlag, sondern Rat,
nicht Rauchentwicklung, sondern Rauch,
nicht Rückantwort, sondern Antwort,
nicht urbanes Ballungszentrum, sondern Großstadt.

Meiden Sie Fremdwörter!

Machen Sie es Ihren Lesern so leicht wie möglich! Übersetzen Sie Fremdwörter ins Deutsche, auch wenn sie Ihnen noch so geläufig erscheinen. Erstens wird Sie dann jeder verstehen. Zweitens lesen sich Ihre Texte angenehmer und kommen weniger gekünstelt daher.

Tolstoi hat gefordert: „Denkt, was ihr wollt, aber denkt es auf eine Weise, dass jedes Wort allen verständlich sei. In einer völlig klaren und einfachen Sprache kann man nichts Schlechtes schreiben." Viel zu oft verstoßen selbst Profi-Autoren gegen diesen Grundsatz und verwenden Fremdworte nur, um sich wichtig zu machen.

Ein Beispiel aus der „Stuttgarter Zeitung"; dort blendete eine Autorin ihre Leser mit dem Satz:

Seine (des Biografen) *Skizzierung von Musils Ideen, die Satzfragmente des Originals mit eigenen Bonmots durchschießt und aus dem Fundus der Geistesgeschichte garniert, lässt zwar Aperçus aufblitzen, doch Licht auf den Gegenstand wirft dieses Funkeln wenig.*

Kaum ein Leser wird diesen Satz auf Anhieb verstehen. Spätestens jetzt hat die Autorin ihr Publikum verloren. Kein Mensch macht sich die Mühe, im Fremdwörterbuch nach der Übersetzung für Bonmots und Aperçus zu suchen. Wenn Sie es täten, fänden Sie heraus, dass Bonmot und Aperçu das Gleiche bedeuten: geistreiche Bemerkung.

Wörtlich übersetzt, wird aus der Schaumschlägerei der Schreiberin:

Seine Skizzierung von Musils Ideen, die Satzfragmente des Originals mit eigenen geistreichen Bemerkungen durchschießt und aus dem Fundus der Geistesgeschichte garniert, lässt zwar geistreiche Bemerkungen aufblitzen, doch Licht auf den Gegenstand wirft dieses Funkeln wenig.

Die Autorin hätte auch einfach schreiben können:

Er stellt Musils Ideen vor, indem er Satzteile des Originals mit eigenen geistreichen Bemerkungen versieht. Das amüsiert den Leser, macht ihn aber kaum klüger.

Hätte sie so formuliert, wäre sie von den Lesern verstanden worden.

Schreiben Sie also
nicht transpirieren, sondern schwitzen,
nicht Archipel, sondern Inselgruppe,
nicht Cineast, sondern Filmkenner oder Kinogänger,
nicht Disparitäten, sondern Unterschiede,
nicht Adjutant, sondern Gehilfe,
nicht enervierend, sondern nervend,
nicht invers, sondern umgekehrt,
nicht verbalisieren, sondern sagen.

Unvermeidliche Fremdworte erklären
Manchmal lassen sich Fremdwörter nicht in ein deutsches
Wort übersetzen. In diesen Fällen sollten Sie Ihren Lesern
kurz erklären, was sie bedeuten – entweder im Text oder
in einem kleinen Glossar, das sie neben den Text stellen.

Hüten Sie sich vor Jargon!

Politiker, Ärzte, Juristen, Soziologen, Bürokraten, Ingenieure, Programmierer und andere Fachleute, die
sich einer Elite oder einem Expertenkreis zugehörig
empfinden, pflegen ihre Geheimsprachen. Das ist
nicht schlimm, solange sie unter sich bleiben. Gern
aber setzen sie ihr Fachchinesisch ein, um das ge-
meine Volk zu beeindrucken oder es sich vom Leibe
zu halten. Oft scheint es, als wollten sie gar nicht verstanden werden.

Zum Beispiel hieß es auf einer Lehrtafel in einem
bayerischen Rotwildgehege:

*Schon Ende August lösen sich die Feisthirschrudel
auf. Die ersten Hirsche, meist altersreife, beginnen zu
melden und suchen das Kahlwild. Alttiere werden erst
spät brunftig. Sie sind zum Beschlag bereit, wenn sie ihren Wedel leicht anheben und nach vorne abgebückt stehen bleiben.*

Die Einzigen, die dieses Jägerlatein sofort verstehen, sind Jäger. Die meisten Tierparkbesucher können den Sinn nur ahnen.

Das Rechenzentrum einer Bankengruppe änderte sein Vorgehen bei der Beseitigung von Störungen des Datenaustauschs und wollte seine Kunden darüber informieren. Ein Marketingmitarbeiter schrieb ihnen einen Brief. Hier ein Auszug:

Darüber hinaus wird die Sicherung des Wissens über bekannte Problemursachen incl. aller Anweisungen zum Einsetzen eines geeigneten Workarounds in einer Known Error Database erfasst und steht somit jederzeit dem Incident Management und den technischen Bereichen zur Verfügung.

Der Autor dieser Zeilen macht sich nicht die Mühe, sein IT-Kauderwelsch zu übersetzen. Es scheint ihm egal zu sein, ob seine Kunden ihn verstehen. Dabei hätte es wenig Mühe gekostet, den Jargon der Computerspezialisten in einfaches Deutsch zu verwandeln; etwa so:

Wir speichern unser Wissen über alle Störungen in einer Datenbank. Wenn eine dort erfasste Störung auftritt, können wir sie schnell beheben.

Verstecken Sie sich nicht hinter den Imponiervokabeln Ihrer Zunft! Sie haben es nicht nötig, Ihre Texte damit aufzuplustern. Zeigen Sie Souveränität, indem Sie Fachwissen mit einfachen, aber treffenden Worten vermitteln. Denken Sie an Wolf Schneider: Einer muss sich plagen, der Autor oder sein Leser. Plagen *Sie* sich!

Tod dem Euphemismus!

Eine Umweltschutzorganisation wollte Borneos Orang-Utans mit folgendem Aufruf retten:

Borneos Orang-Utans drohen auszusterben. Helfen Sie mit Ihrer Unterschrift, den Kahlschlag der Regenwälder zu verhindern!

Auf den ersten Blick zwei harmlose Sätze; auf den zweiten eine Verdrehung der Tatsachen. Wer so formuliert, tut so, als wären die Orang-Utans für ihren Untergang selbst verantwortlich und nicht der Mensch, der ihre Lebensgrundlage zerstört. Diese Affen mögen drohen, womit sie wollen, was geht uns das an? Treffender und für die Kampagne der Tierschützer wirkungsvoller hieße es:

Wir sind dabei, die Orang-Utans auszurotten. Helfen Sie mit Ihrer Unterschrift, den Kahlschlag in Borneos Urwäldern zu stoppen!

Die Tierschützer haben die Wahrheit versehentlich verdreht. Manche Autoren und Redner tun es absichtlich. Statt Tacheles zu reden, lullen sie uns ein mit wolkigen Worten, die die Wirklichkeit schönfärben, damit wir brav in unserem Sessel sitzen bleiben, statt empört aufzuspringen und zu protestieren. Solche verharmlosenden Umschreibungen heißen Euphemismen. Erklären Sie ihnen den Krieg!

Die verlogensten Sprachschöpfungen professioneller Verschleierer bringen es häufig zum Unwort des Jahres, das die Gesellschaft für Deutsche Sprache jedes Jahr kürt:

Unworte aus den vergangenen zehn Jahren

1992: Serbische Politiker haben den Mord an tausenden Moslems als „ethnische Säuberungen" bezeichnet.

1994: Der frühere Vorstandssprecher der Deutschen Bank sprach angesichts offener Handwerkerrechnungen in Höhe von rund 50 Millionen Mark von „Peanuts".

1995 haben sich die Bundestagsabgeordneten die Diäten erhöht. Dazu hätten sie stehen können. Taten sie aber nicht: Sie sprachen lieber von einer „Diätenanpassung".

1999: Als die Nato im Kosovo reihenweise Unschuldige tötete, erfand sie das Wort „Kollateralschaden". Nach wie vor ist das die offizielle Sprachregelung, wenn Natobomben die Falschen treffen.

2002: PR-Experten haben die „Ich-AG" ersonnen. So wurden aus Arbeitslosen plötzlich lauter Unternehmer.

Wählen Sie Ihre Worte mit Bedacht! Es ist nicht egal, ob Sie Pakt oder Bündnis schreiben: Einen Pakt schließt man mit dem Teufel, ein Bündnis fürs Leben. Suchen Sie den Begriff, der der Wahrheit am nächsten kommt! Die folgende Liste zeigt, dass es dabei auf Ihre Perspektive ankommt:

Was ist wahr?

Atommülldeponie	Entsorgungspark
erhöhtes Beförderungsentgelt	Bußgeld
Flüchtlingslager	Begrüßungszentrum
autoritär	durchsetzungsfähig
Streckenstilllegung	Angebotsumstellung
Beitragserhöhung	Beitragsanpassung
Entlassungen	Desinvestitionen
Gift	chemische Stoffe
Schließung von Filialen	Filialnetzoptimierung
Wahlkampfteam	Kompetenzteam
Abtreibung	Schwangerschaftsunterbrechung

3.3   Lebendig schreiben

WORUM GEHT ES?

„Das Erste, was Not tut, ist Leben: Der Stil soll leben. (…) Je abstrakter die Wahrheit ist, die man lehren will, umso mehr muss man erst die Sinne zu ihr verführen." Dieser Tipp stammt von Friedrich Nietzsche. Nehmen Sie ihn beim Wort! Das mit Nomen, Passivkonstruktionen und Abstrakta gespickte Blähdeutsch sollten Sie den Bürokraten überlassen. Gerade wenn Sie gezwungen sind, ein trockenes Thema in Worte zu fassen, sollten Sie sich um eine lebendige Sprache bemühen, um Worte voller Saft und Kraft, um Beispiele und anschauliche Vergleiche.

Viele Menschen neigen dazu, sich gespreizt und im Jargon der Paragraphenreiter auszudrücken, sobald sie schriftlich formulieren. So stand unter der Einladung zu einer Hochzeit: *Das Brautpaar bittet höflich, vom traditionellen Werfen mit Reis nach der Trauung Abstand zu nehmen. Andernfalls wird von der Kommunalverwaltung eine Reinigungsgebühr in Höhe von 150 Euro erhoben.*

Würden Sie so mit Ihren Freunden und Verwandten sprechen? Wohl nicht – *sagen* würden Sie vielleicht: *Bitte schmeißt bei unserer Hochzeit nicht mit Reis! Die Gemeinde müsste hinterher alles sauber machen. Und wir müssten's bezahlen.*

Es gibt keinen Grund, sich in geschriebenen Texten umständlicher auszudrücken als beim Reden. Lassen Sie Ihre Wörter, Sätze und Texte leben!

WAS BRINGT ES?

Es ist gut, wenn Ihre Leser Ihre Texte verstehen. Besser ist, wenn sie sie auch noch gern lesen. Wie Sie selbst über scheinbar dröge Themen lebendige und lesenswerte Texte schreiben, erfahren Sie auf den folgenden Seiten.

WIE GEHE ICH VOR?

Verben, Verben, Verben!

Verben sind die Worte der Tat, sie drücken Aktion aus, Tätigkeit, Handlung. Verben beleben jeden Text. Verwenden Sie Verben, wo immer Sie können!

Am zweiten Samstag im Juli gelangte auf dem Parkplatz vor der Werkhalle V wieder der Familientag zur Durchführung.

Dieser Satz aus der Mitarbeiterzeitschrift eines Industrieunternehmens ist leicht verständlich. Einen Haken hat er trotzdem: Er ist mausetot. Wie ließe er sich wiederbeleben? Im Deutschunterricht haben wir gelernt, unsere Aufsätze mit Adjektiven zu spicken, um sie anschaulicher zu machen. Versuchen wir es!

Am zweiten Samstag im Juli gelangte bei strahlendem Sonnenschein auf dem weiträumigen Parkplatz vor der neuen Werkhalle V wieder der traditionelle Familientag zur tadellosen Durchführung.

Jetzt ist der Satz zwar länger, aber keinen Deut lebendiger. Nichts ist zu spüren von der Atmosphäre des Familientags; im Kopf des Lesers entstehen keine Bilder. Woran liegt das? Was fehlt diesem Satz? Wie könnte man ihn retten? Die Lösung: Verben. Sehen Sie selbst:

Am zweiten Samstag im Juli war Familientag: Die Mitarbeiter haben gemeinsam gespielt, getanzt, gegessen und getrunken. Ihren Partnern und Kindern haben sie gezeigt, wie und wo sie arbeiten.

Jetzt lebt der Text. Die Verben machen ihn lebendig. Sie vermitteln Handlung und erzeugen Bilder in den Köpfen der Leser. Jetzt können wir uns überhaupt erst vorstellen, was ein Familientag ist.

Zertrümmern Sie Nominalkonstruktionen, wann immer Sie ihnen begegnen! Sprengen Sie Hauptwörterketten und setzen Sie an ihre Stelle starke, einfache Verben! Doch Vorsicht! Nicht jedes Verb ist ein gutes Verb. Meiden Sie die Lieblingsverben der Bürokraten:

- Abstrakte Verben wie aufweisen, sich befinden, bewerkstelligen, vorliegen, sich belaufen auf, sich handeln um, durchführen, stattfinden, erfolgen. Solche Verben erzeugen keine Bilder in den Köpfen der Leser. Oder was sehen Sie, wenn Sie sich vorstellen, wie einer etwas durchführt, wie etwas stattfindet oder erfolgt?

- Akademisch-bürokratische Verben wie reflektieren, sensibilisieren, instrumentalisieren, kanalisieren, konkretisieren oder realisieren. Das sind gestelzte Worte, die sich durch einfache, kraftvollere Verben ersetzen ließen: Warum reflektieren, wenn man schlicht nachdenken könnte? Warum sensibilisieren, wenn es reicht, aufmerksam zu machen?

- Verben, die sich nur in Begleitung eines Hauptwortes aus der Deckung wagen. Zusammen bilden sie so geblähte Konstruktionen wie in Erwägung ziehen, in Abrede stellen, in Angriff nehmen, in die Diskussion eintreten, eine Mitteilung machen oder sich in Bescheidenheit üben. Sagen Sie das Gleiche mit bescheidenen, dafür anschaulichen Tätigkeitsworten: erwägen, leugnen, angreifen, diskutieren, mitteilen, bescheiden sein.

Erzählen Sie's Ihrer Großmutter!

Ein Trick hilft, selbst komplexe Sachverhalte einfach und lebendig zu formulieren: Stellen Sie sich vor, Sie müssten einem Kind erklären, worum es in Ihrem Text geht, oder Ihrer Großmutter, die noch nie davon gehört hat. Automatisch werden Sie jetzt anschauliche Verben verwenden, anstatt an komplizierten und abstrakten Nominalkonstruktionen zu haften.

Auf der Internetseite eines großen Industrieunternehmens heißt es: *Es erfolgt eine intensive Betreuung der Praktikanten durch die Vorgesetzten.* Würden Sie so mit Ihrer Großmutter sprechen? *Du, Oma, bei uns in der Firma erfolgt eine intensive Betreuung der Praktikanten durch die Vorgesetzten.* Nein, Sie würden wohl eher sagen:

Für Praktikanten nehmen sich die Vorgesetzten bei uns in der Firma viel Zeit.

Eine Finanzaufsichtsbehörde hat sich ein Leitbild gegeben. In der Präambel steht: *Das Sicherstellen der Solvenz der Finanzinstitute und der Schutz des Kunden sind Leitbilder modernen Aufsichtsrechts.*

Dieser Satz ist schwer verständlich. Er enthält ein einziges Verb: sind. Was ist zu tun? Lösen Sie die Nominalkonstruktionen auf, indem Sie sie durch Verben ersetzen! Dann steht da leicht verständlich und lebendiger:

Das moderne Aufsichtsrecht will den Kunden schützen und dafür sorgen, dass die Finanzinstitute zahlungsfähig bleiben.

Schreiben Sie mit allen Sinnen!

Unter dem Titel „Faszination Motorrad" steht in einer Analyse über Motorradfahren in Deutschland:

Im Frühjahr wird die Motorradsaison wieder eröffnet. Schon beim ersten Aufsteigen auf das motorisierte Zweirad und dem Anlassen des Motors beginnt die Reise in eine besondere Welt.

Spüren Sie etwas von der Faszination, die der Autor vermitteln möchte? Nicht? Kein Wunder: Er benutzt Behördendeutsch, um uns die Freiheit auf zwei Rädern erleben zu lassen. Das muss schief gehen.

Nominalkonstruktionen wie das *erste Aufsteigen auf das motorisierte Zweirad* (welch gekünstelte Umschreibung!) gehören in die Mottenkiste. Der Autor liefert eine abstrakte Schilderung, anstatt uns den Saisonstart der Motorradfans miterleben zu lassen. Erleben heißt sehen, fühlen, schmecken, riechen und hören. Hätte der Autor seine fünf Sinne bemüht, hätte er vielleicht so formuliert:

Es riecht nach Leder und Benzin. Carmen Müller schmiegt sich an ihre Maschine. Dann grollt der Motor – zum ersten Mal nach einem langen Winter. Die Maschine vibriert. Gänsehaut. Die Saison ist eröffnet. Rund 200 000 Motorradfahrer …

Show, don't tell!

Die Drehbuchautoren in Hollywood folgen einem einfachen Leitsatz: Show, don't tell! Erzähle nicht, was du sagen willst, zeige es! Zeigen Sie Ihren Lesern Bilder! Lassen Sie sie wie im Kino Szenen erleben, anstatt sie mit abstrakten Schilderungen zu langweilen! Szenen machen Ihre Texte anschaulich und sie bleiben den Lesern im Gedächtnis.

Nehmen wir an, sie wollten Ihren Lesern mitteilen, dass Ida Lallinger sehr nervös ist. Sie könnten schreiben: *Ida Lallinger ist sehr nervös.* Sie könnten es aber auch Ihren Lesern überlassen, zu sehen, zu hören, zu spüren, wie nervös Ida ist. Vielleicht so:

Ida Lallinger kippelt mit ihrem Stuhl. Klack, klack, klack. Pausenlos. Klack, klack, klack. Sie nagt an ihren Fingernägeln. Auf dem Tisch hinterlassen ihre Hände feuchte Abdrücke.

Werden Sie konkret!

Was denken Sie, wenn Sie das Wort *Küchengeräte* lesen? Sie denken: Mixer, Pürierstab, Toaster, Kaffeemaschine. *Küchengeräte* ist ein abstrakter Überbegriff, ein Code für die Summe aus Mixer, Pürierstab, Toaster und Kaffeemaschine. Ihr Gehirn entschlüsselt diesen Code und liefert Ihnen konkrete Begriffe, etwa den Mixer. Erst jetzt entsteht ein Bild in Ihrem Kopf.

Nicht Auto, sondern Golf Cabriolet
Um anschaulich und lebendig zu schreiben, sollten Sie immer die kleinstmögliche Einheit verwenden. Also nicht Küchengerät, sondern Mixer; nicht Geflügel, sondern Truthahn; nicht Auto, sondern Golf Cabriolet.

Weg mit dem Passiv!

Der Journalistenlehrer Wolf Schneider lässt kein gutes Haar am Passiv. Er nennt es „eine späte, künstliche, entmenschlichte Form des Verbs, in Dialekten selten oder unbekannt, Kindern spät zugänglich und bei jedem Verständlichkeitstest im Hintertreffen".

Zwei Gründe sprechen gegen das Passiv:

■ Das Passiv unterschlägt eine für den Leser wichtige Information: die Antwort auf die Frage nach den Tätern. Wer gehandelt hat, verraten uns Passiv-Konstruktionen nicht: *Der Räuber wurde über-*

wältigt und der Polizei übergeben. Wäre es nicht interessant zu wissen, wer ihn überwältigt hat?

■ Das Passiv nimmt den Sätzen ihren Schwung. Verben sollen Handlungen und Aktion vermitteln. Sobald wir sie ins Passiv pressen, signalisieren sie das Gegenteil: Untätigkeit, Trägheit, Langeweile: *Die Kontakte zu anderen Standorten werden über Video-Konferenzen getätigt.* Abstrakter kann man den Inhalt dieses Satzes kaum transportieren. Warum nicht einfach und im Aktiv: *In Videokonferenzen tauschen sich die Mitarbeiter mit Kollegen an anderen Standorten aus.*

Vorsicht Synonymitis!

Im Deutschunterricht haben wir gelernt, Wiederholungen in Aufsätzen auf Teufel komm raus zu vermeiden: „Bringt nicht das gleiche Wort zweimal! Sucht nach einem Synonym, einem anderen Wort mit der gleichen Bedeutung", haben uns unsere Lehrer geraten.

Genießen Sie diesen Rat mit Vorsicht! Zwei Worte bedeuten nur selten wirklich exakt das Gleiche, siehe Pakt und Bündnis (vgl. Seite 41). Außerdem sind Synonyme oft derart abgenutzt, dass sie den Leser zum Gähnen reizen. Sie können Wetten darauf abschließen, dass in einem Text über München früher oder später die Isarmetropole auftaucht. In Spielberichten aus der Bundesliga wird aus dem Fußball fast zwanghaft das runde Leder.

Solche vorhersehbaren Synonyme machen Ihren Text nicht lebendiger. Finden Sie neue, unverbrauchte Vergleiche oder haben Sie den Mut, sich zu wiederholen!

Beispiele für ausgelutschte Synonyme:

Ägypten	Land der Pharaonen
Bibel	Buch der Bücher
Bier	Gerstensaft
Elefant	Dickhäuter
Fahrrad	Drahtesel
Franz Beckenbauer	der Kaiser
Frankfurt	Mainmetropole
Hund	Vierbeiner
Kirche	Gotteshaus
Österreich	Alpenrepublik
Politiker	Volksvertreter

Besondere Probleme wirft das Verb „sagen" auf – wahrscheinlich, weil es recht häufig ist und sich vermeintlich leicht ersetzen lässt. Heraus kommen dann Formulierungen wie: „Ich liebe dich", *strahlte* er. Oder: „Wir haben in diesem Jahr unsere Ziele weit übertroffen", *freute sich* der Vorstandsvorsitzende. Oder: „Wenn wir so weitermachen, gibt es uns in zwei Jahren nicht mehr", *hob* die Geschäftsführerin *den Zeigefinger.*

Niemand kann einen Satz *strahlen*. Niemand kann sich einen Satz *freuen*, ja nicht einmal ein einziges Wort. Und *den Zeigefinger heben* ist ebenfalls kein Verb des Sagens.

Viele Möglichkeiten, sagen zu sagen

Als Synonyme für das Wort „sagen", taugen nur Verben des Sagens. Hier eine kleine Auswahl: äußern, bezeichnen, brüllen, erklären, erläutern, faseln, flüstern, labern, lallen, meinen, murmeln, nennen, nuscheln, plappern, plaudern, quasseln, reden, schnattern, schreien, sprechen, tratschen, tuscheln, unken, vortragen, warnen.

Menschen machen Texte spannend

„Das ist einfach ein langweiliges Thema; darüber kann man nicht lebendig schreiben", klagen Autoren häufig, wenn sie technische oder andere abstrakte Zusammenhänge beschreiben sollen.

Ein Beispiel: Der Geschäftsführer einer Maschinenbaufirma will ein neues Produktionssystem einführen und seine Mitarbeiter dafür gewinnen. Er beauftragt seinen Assistenten, einen Artikel für die Mitarbeiterzeitung zu verfassen. Der Assistent schreibt:

Wie die Erfahrungen aus unserem Pilotprojekt zeigen, führt das neue Produktionssystem dazu, dass einseitige körperliche Belastungen der Mitarbeiter in der Fertigung zurückgehen. Jeder einzelne Mitarbeiter bekommt darüber hinaus mehr Verantwortung für den Gesamtprozess.

Diese Schilderung hat zwei Nachteile:

- Die Mitarbeiter wissen nach der Lektüre immer noch nicht, was eigentlich auf sie zukommt.
- In diesem Text kommt kein Mensch vor. Er ist sehr abstrakt und distanziert formuliert und schafft bei den Lesern kaum persönliche Betroffenheit. Dabei betrifft der Inhalt die Mitarbeiter doch unmittelbar.

Offenbar haben schon einige Mitarbeiter Erfahrungen mit der neuen Art zu produzieren gesammelt. Warum lässt der Autor sie nicht einfach davon erzählen? Vielleicht so:

„Für mich hat sich mit dem neuen Produktionssystem viel verändert", sagt Anlagenführer Bruno Paschulke. Er ist einer von zehn Mitarbeitern, die seit zwei Monaten in einem Pilotprojekt Erfahrungen mit dem neuen System sammeln. In der Pilot-Fertigungslinie gibt es kein Fließband mehr. Paschulke und seine Kollegen bewegen die

Teile selbst von einer Arbeitsstation zur nächsten. „Das ewige Sitzen hat ein Ende", sagt Bruno Paschulke und lacht. Zudem haben er und seine Kollegen jetzt mehr Verantwortung …

Jetzt lebt der Text. Die Mitarbeiter in der Fertigung können sich hineinversetzen in ihren Kollegen Bruno Paschulke. Sie erfahren aus erster Hand, was es mit dem neuen Produktionssystem auf sich hat und welche Vorteile es bringt.

Lassen Sie's menscheln!

Nichts interessiert Menschen so sehr wie Menschen. Lassen Sie deshalb in Ihren Texten Menschen handeln und zu Wort kommen! Vor allem dann, wenn Sie abstrakte technische, naturwissenschaftliche oder theoretische Sachverhalte vermitteln wollen.

Reihen Sie etwa bei der Beschreibung einer Maschine für eine Produktbroschüre nicht einfach technische Daten aneinander. Erzählen Sie lieber die Geschichte eines Kunden, der diese Maschine gekauft hat und jetzt viele Sorgen los ist. Die technischen Daten stellen Sie in einer Tabelle neben den Text. So sprechen Sie den Leser emotional an, ohne wichtige Informationen zu unterschlagen.

Vergleiche machen abstrakte Texte anschaulich

Wenn Sie sich als Experte an ein Laien-Publikum wenden, sollten Sie sich darum bemühen, möglichst anschaulich zu schreiben. Fragen Sie sich, was Sie tun können, damit sich Ihre Leser ein Bild von dem machen können, was Sie ihnen vermitteln wollen!

Zum Beispiel hat die Redakteurin einer Zeitschrift für Vorschulkinder einen Text über Igel geschrieben:

Bei ihrer Geburt wiegen Igel nur rund 20 Gramm.

Glauben Sie, dass eine Fünfjährige mit dieser Information etwas anfangen kann? Wohl kaum. Selbst Erwachsenen fällt es schwer, sich vorzustellen, wie schwer 20 Gramm sind. Finden Sie einen anschaulichen Vergleich! Etwa:

Bei ihrer Geburt wiegen Igel nur rund 20 Gramm – so viel wie zwei 50-Cent-Stücke.

Kinder, die das lesen, können sich zwei 50-Cent-Stücke geben lassen. Und schon wissen sie, wie schwer ein neugeborener Igel ist.

Vergleiche machen nicht nur Texte für Kinder anschaulicher. Auch Erwachsenen helfen sie weiter. Hier ein gelungenes Beispiel aus einem Text über Fotovoltaikanlagen:

Die Anlage auf dem Dach der Familie Schmitt erzeugt etwa 1000 Kilowattstunden Strom pro Jahr. Das reicht, um auf einer Herdplatte ein Jahr lang jeden Tag drei Stunden lang zu kochen oder 20 Monate lang rund um die Uhr Radio zu hören.

Die Autorin eines Buches über Laser in der Blechverarbeitung schrieb: *Die Pulsdauer eines ultrakurzen Laserpulses liegt im Femtosekundenbereich. Zum Vergleich: Ein Lichtstrahl kommt in einer Sekunde 300 000 Kilometer weit. In einer Femtosekunde legt er gerade mal einen tausendstel Millimeter zurück.*

3.4   Sätze übersichtlich konstruieren

WORUM GEHT ES?

Diejenigen Bewerber, die die Postkorbaufgabe, die die Personalentwicklung speziell für dieses Auswahlverfahren, das jetzt konzernweit – also nicht, wie ursprünglich geplant, erst als eine Art Pilotprojekt in der Münchner

Zentrale – verbindlich für die Auswahl von Führungs-
kräften eingeführt werden soll, entwickelt und in einem
Pilotprojekt getestet hat, am schnellsten und am besten
lösen, kommen in die Endrunde.

Dieser Satz enthält kein einziges unverständliches Wort; er ist grammatikalisch korrekt und trotzdem kaum zu verstehen. Es reicht eben nicht, die richtigen Worte zu finden. Sie müssen sie auch noch so ordnen, dass der Leser den Sinn, den sie gemeinsam ergeben, schnell und mühelos erfassen kann. Sie müssen Ihre Sätze glasklar konstruieren. Auf den folgenden Seiten zeigen wir Ihnen, wie das geht.

WAS BRINGT ES?

Der Autor des obigen Beispielsatzes zeigt mit seinem unübersichtlichen Konstrukt vor allem eines: dass ihm seine Leser ziemlich egal sind. Er macht sich nicht die Mühe, seine Gedanken zu ordnen und in leicht verdaulichen Portionen anzubieten. Damit riskiert er, dass die Leser ihrerseits nur wenig Interesse für seinen Text zeigen.

Die Leserforschung hat ergeben, dass der Durchschnittsleser einen Text lieber beiseite legt, als sich durch ein Gestrüpp aus komplizierten Sätzen zu schlagen. Und die wenigen, die sich bis zum letzten Punkt eines unnötig komplizierten Textes quälen, haben ihn deshalb noch lange nicht verstanden. Komplizierte Sätze stellen auch für unser Gehirn ein enormes Problem dar. Wenn wir nämlich einen Satz lesen, überlegt unser Gehirn bereits, wie er weitergehen könnte. Es erörtert also verschiedene Variationen des Satzes. Alles, was wir vor den sinntragenden Teilen des Satzes erfahren, zum Beispiel in eingeschobenen Nebensätzen, muss im Kurzzeitgedächt-

nis abgespeichert werden. Je voller das Kurzzeitgedächtnis wird, desto schwieriger fällt es uns, am
Ende in unserem Kopf alles an die richtige Stelle zu
bringen – und so den Sinn des Satzes zu verstehen.
Im schlimmsten Fall muss unser Kurzzeitgedächtnis
kapitulieren, weil es überläuft. Dann lesen wir den
Satz noch einmal. Oder, wenn so etwas mehrfach
vorkommt, hören auf zu lesen.

Doch was macht einen Satz eigentlich kompli-
ziert? Hier die wichtigsten Gründe: Ein Satz ist schwer
zu verstehen,

- wenn er aus unverständlichen Worten besteht,
- wenn er zu viele Gedanken enthält,
- wenn er die Gedanken des Autors in der falschen
  Reihenfolge wiedergibt,
- wenn Hauptsachen in Nebensätzen stehen,
- wenn Satzteile, die zusammengehören, auseinander gerissen werden,
- wenn er mehrere Interpretationsmöglichkeiten
  bietet.

WIE GEHE ICH VOR?

Finden Sie das richtige Maß!

„Schreibe kurze Sätze, dann wirst du verstanden!"
Dieser Rat ist auf den ersten Blick sehr einleuchtend.
In der Tat hat die Verständlichkeitsforschung gezeigt,
dass Hörer den Inhalt kurzer Sätze (bis 15 Wörter)
besser behalten als den Inhalt von Bandwurmsätzen.
Für Leser gilt (mit Einschränkungen) das Gleiche. Jedenfalls dann, wenn Sie ihnen ersparen wollen, jeden Satz dreimal zu lesen.

Kurze Sätze zwingen Sie, Ihre Gedanken zu ordnen. Der Stillehrer E. A. Rauter schrieb: „Um kurze

Sätze schreiben zu können, muss man erst gearbeitet haben. In langen Sätzen bleibt die Unwissenheit des Autors leicht verborgen – ihm selbst und dem Leser. (…) Kurze Sätze kann man nicht schreiben, wenn man nicht genau Bescheid weiß."

Das heißt aber nicht, dass jeder kurze Satz kraftvoll und schön ist; oder im Umkehrschluss jeder lange Satz zu verteufeln wäre. Auf eine einfache Sprache, eine klare Gliederung und das richtige Maß kommt es an: Überfrachten Sie Ihre Sätze nicht mit Informationen! Oft lassen sich aus einem langen Satz zwei oder drei kurze machen. Das erhöht in jedem Fall die Verständlichkeit.

Rhetorik-Trainer empfehlen, Sätze nur so lang zu machen, wie der Atem des Sprechers reicht. Ob er längere, verästelte Sätze wählt oder Schlagworte, hängt vom Inhalt seiner Rede ab. Ein Ertrinkender wird *nicht* rufen: *Hallo, werte Mitbadende, ich habe ein Problem, bei dem Sie mir bitte möglichst zügig zur Hand gehen sollten, da ich sonst in diesem Baggersee unterzugehen drohe.* Er wird ein kurzatmiges *Hilfe!* hervorstoßen.

Machen Sie es beim Schreiben genauso! Passen Sie die Satzlänge dem Inhalt Ihrer Sätze an! Wenn Sie einen Sachverhalt nüchtern ausbreiten wollen, dürfen Ihre Sätze länger werden. Wenn Sie dagegen einen zornigen Leserbrief verfassen oder eine Schlägerei schildern, sollten Sie kurze, packende Sätze wählen.

Kurze und längere Sätze abwechseln

Die Verständlichkeitsforschung lehrt uns, Sätze kurz zu halten – nicht mehr als 15 Wörter. Sie sollten aus diesem Merksatz aber kein Dogma machen. Nicht jeder Gedanke lässt sich in einen Fünf-Wörter-Satz zwängen. Und ein Text, der nur aus solchen Sätzen besteht, wirkt atemlos

und hektisch; auf Dauer ermüdet das den Leser. Längere Sätze sind erlaubt, wenn sie aus einfachen Worten bestehen und klar konstruiert sind. Der Wechsel aus längeren und kurzen Sätzen verleiht Ihren Texten Rhythmus und Schwung.

Bevorzugen Sie Hauptsätze!

Kurt Tucholsky hat Rednern geraten, sich auf Hauptsätze zu beschränken. „Hauptsätze! Hauptsätze! Hauptsätze!", forderte er. Denn Hauptsätze sind kurz, leicht verständlich und kraftvoll. Viele weltbekannte Texte bestehen ausschließlich aus Hauptsätzen. Zum Beispiel dieser:

Am Anfang schuf Gott Himmel und Erde. Die Erde aber hatte noch keine Form und kein Leben. Dunkel lagerte über der Urflut. Aber der Geist Gottes schwebte über den Wassern. Dann sprach Gott: „Es werde Licht!" Da ward Licht. Und Gott sah das schöne Licht und schied das Licht von der Dunkelheit und nannte das Licht Tag und die Dunkelheit Nacht. Es wurde Abend. Es wurde Morgen: ein erster Tag … (Genesis 1–5)

Wenn sie sich auf Hauptsätze beschränken und dabei einfache Wörter verwenden, schreiben Sie automatisch Klardeutsch. Doch purer Hauptsatz-Stil macht Texte monoton, atemlos und hektisch.

Ab und zu ein Nebensatz

Bemühen Sie sich in Ihren Texten um Hauptsätze! Aber streuen Sie auch immer wieder Nebensätze ein. Am besten, indem Sie sie an Hauptsätze hängen oder – ausnahmsweise – einem Hauptsatz voranstellen. Ihre Leser werden Ihnen für diese Abwechslung dankbar sein.

Hauptsachen in Hauptsätze!

Diese von Ludwig Reiners formulierte Grundregel guten Stils sollten Sie sich zu Herzen nehmen. Nicht nur, weil Sie dadurch Ihren Stil verbessern, sondern auch, weil sie Ihnen Peinlichkeiten erspart. Zum Beispiel Sätze wie diesen:

Der Mörder, der gestern hingerichtet wurde, nahm das Urteil gefasst entgegen.

Dieser Satz besteht aus einem Hauptsatz (*Der Mörder nahm das Urteil gefasst entgegen*) und einem eingeschobenen Nebensatz (*der gestern hingerichtet wurde*). Problematisch ist der Satz, weil der Autor die Chronologie über den Haufen geworfen hat: Der Mörder wird natürlich nicht hingerichtet und nimmt anschließend sein Urteil entgegen, sondern umgekehrt.

Hätte der Schreiber sich an die Regel von Reiners gehalten, wäre ihm diese Widersinnigkeit nicht unterlaufen. Er hätte die Tatsache, dass der Mörder hingerichtet wurde, nicht in einen Nebensatz gepackt. Eine Hinrichtung ist *keine* Nebensache. Man muss ihr einen Hauptsatz widmen! Dann stünde da klar und in der richtigen Reihenfolge:

Der Mörder hat das Urteil gefasst entgegengenommen. Gestern wurde er hingerichtet.

Noch ein Beispiel:

Die Tatsache, dass wir in diesem Jahr allein wegen der gestiegenen Fehlzeiten in der Fertigung Umsatzeinbußen von vier Prozent hinnehmen müssen, gibt zu denken.

Der Hauptsatz lautet: *Die Tatsache gibt zu denken.* Ziemlich dünn für einen Hauptsatz, finden Sie nicht? Die eigentliche Aussage hat der Autor in den Nebensatz verbannt. Besser wäre gewesen, der Hauptsache – nämlich den Umsatzeinbußen und ihren Gründen – einen Hauptsatz zu gönnen. So vielleicht:

Allein wegen der gestiegenen Fehlzeiten in der Fertigung müssen wir Umsatzeinbußen von vier Prozent hinnehmen. Das sollte uns zu denken geben!

Immer schön der Reihe nach!

Derjenige, der den Dieb, der immer wieder Uhren und andere Wertsachen, die in den Spinden des Umkleideraums, der von der Turnhalle am weitesten entfernt ist, eingeschlossen waren, gestohlen hat, überführt, erhält eine Belohnung in Höhe von 350 Euro.

Warum fällt es so schwer, diesen Satz zu verstehen, obwohl er aus einfachen Wörtern besteht? Es handelt sich um einen Schachtelsatz; er besteht aus einem Hauptsatz und vier abhängigen Nebensätzen. Der Satz hat 38 Wörter, fast dreimal so viele wie die Faustformel der Verständlichkeitsforscher zulässt. Der Autor quetscht alle Informationen in diesen einen Satz. Anstatt seine Gedanken zu ordnen und logisch einen an den anderen zu reihen, sagt er alles auf einmal.

Er hätte die Informationen besser auf mehrere Sätze verteilt. Wenn er sich dann auch noch an die chronologische Folge der Ereignisse gehalten hätte, stünde da vielleicht:

Immer wieder verschwinden Wertsachen aus dem Umkleideraum, der von der Turnhalle am weitesten entfernt liegt. Der oder die Diebe brechen die Spinde auf. Wer den oder die Täter überführt, bekommt 350 Euro.

Ein Beispiel aus dem Finanzamt:

Folgendes hat die Prüfung der vom Vorsteher des Finanzamts gegen die die Rückstellung anerkennende Entscheidung des Finanzgerichts eingelegte Rechtsbeschwerde ergeben …

Auch dieser Satz ist mit Informationen nur so voll gestopft. Die vielen Substantive machen es dem Leser zusätzlich schwer. Zweierlei ist zu tun, um diesen Satz zu retten: *Erstens* müssen wir die Gedanken in die richtige Reihenfolge bringen und auf mehrere Sätze verteilen. *Zweitens* sollten wir die Nominalkonstruktionen durch Verben ersetzen. Zum Beispiel so:

Das Finanzgericht hat die Rückstellung anerkannt. Dagegen hat der Vorsteher des Finanzamts Rechtsbeschwerde eingelegt. Die Prüfung dieser Beschwerde hat Folgendes ergeben …

Zwei Gedanken, zwei Sätze
Präsentieren Sie dem Leser Ihre Gedanken häppchenweise! Gönnen Sie ihm für jeden wesentlichen Gedanken einen eigenen Hauptsatz, anstatt alle Informationen in einen einzigen Satz zu pressen!

Fallen Sie sich nicht selbst ins Wort!

Viele deutsche Sätze leiden darunter, dass die Schreiber Satzteile auseinander reißen, die zusammengehören. Die Grammatik erlaubt dies. Doch die Verständlichkeit leidet, wenn der Leser erst mühsam zusammenführen muss, was der Autor getrennt hat. Reißen Sie deshalb Satzbestandteile, die zusammengehören, nicht ohne Not auseinander!

Häufig unterbrechen Autoren den Fluss eines Hauptsatzes, indem sie einen neuen Gedanken in einem Nebensatz dazwischenpfropfen. Das macht den Satz unübersichtlich. Der Leser muss die beiden Teile des Hauptsatzes nachträglich zusammenfügen.

Das neue Marketingkonzept, über das sich noch kurz vor seiner Einführung sowohl der Leiter der Vertriebsabteilung als auch der der Unternehmenskommunikation skeptisch geäußert hatten, entpuppte sich schon nach wenigen Wochen als Erfolgsrezept.

In diesem Beispiel wird der Hauptsatz von einem eingeschobenen Relativsatz gesprengt. Bevor der Leser erfährt, was es mit dem neuen Marketingkonzept auf sich hat, muss er sich durch 21 Wörter wühlen. Der Autor hätte es ihm leichter machen können. Auch in diesem Fall wäre es das Beste, den beiden Aussagen des Satzes jeweils einen Hauptsatz zu gönnen:

Der Vertriebsleiter und der Chef der Unternehmenskommunikation hatten sich skeptisch zum neuen Marketingkonzept geäußert. Dabei entpuppte es sich schon nach wenigen Wochen als Erfolgsrezept.

Nebensätze (fast) immer anhängen!
Vermeiden Sie eingeschobene Nebensätze! Immer dann, wenn der eingeschobene Nebensatz eine zweite Hauptsache enthält, sollten Sie aus ihm einen Hauptsatz machen. In allen anderen Fällen hängen Sie den Nebensatz einfach an den Hauptsatz an. Manchmal können Sie den Nebensatz auch vor den Hauptsatz ziehen. Ein Beispiel:
Eingeschobener Nebensatz: *Sie traf sich, obwohl ihr Mann dagegen war, mit Egon Hallhuber.*
Zwei Hauptsätze: *Sie traf sich mit Egon Hallhuber. Ihr Mann war dagegen.*
Angehängter Nebensatz: *Sie traf sich mit Egon Hallhuber, obwohl ihr Mann dagegen war.*
Vorangestellter Nebensatz: *Obwohl ihr Mann dagegen war, traf sie sich mit Egon Hallhuber.*
Am üblichsten sind angehängte Nebensätze.

Unerträglich werden eingeschobene Nebensätze, wenn sie zu lang sind:

Den Programmen zur Förderung der Sprach- und Denkfähigkeiten kommt, weil in diesen für die Entwicklung wesentlichen Bereichen häufig die auffälligsten und gravierendsten schichtensoziologisch bedingten Entwicklungs- und Begabungsunterschiede der Kinder festzustellen sind, Priorität zu.

Der eingeschobene Nebensatz in diesem Beispiel besteht aus 22 Wörtern. 56 Silben lang weiß der Leser nicht, was es über die Förderprogramme zu berichten gibt. Am Ende des Nebensatzes wird er vergessen haben, wie der Hauptsatz begann. Er muss zurückspringen an den Anfang und den Satz ein zweites Mal lesen. Ein aufmerksamer Autor erspart ihm diese Mühe!

Einschübe nicht länger als zwölf Silben!
Wolf Schneider rät, Einschübe von mehr als zwölf Silben zu vermeiden. Er schreibt: „Zwölf Silben sind der Durchschnittswert für das, was ein Mensch in drei Sekunden liest; und drei Sekunden breit ist unser ‚Gegenwartsfenster': das, was uns als Einheit erscheint, was unser Kurzzeitgedächtnis ohne Mühe überbrücken kann." Einschübe von mehr als zwölf Silben unterbrechen den Lesefluss. Der Leser muss im Satz zurücklesen, um ihn verstehen zu können. Das aber tun die wenigsten.

Lassen Sie Verben möglichst ganz!
„Wann immer man mit dem deutschen Satz fertig zu sein glaubt, poltert noch ein *gehabt worden zu sein* hinterher", klagte Mark Twain scherzhaft. Als Amerikaner tat er sich schwer mit den Möglichkeiten und Zwängen deutscher Satzbaukunst.

Egon Hallhuber hat sich während des Bewerbungsgesprächs in die Personalreferentin verliebt.

Dies ist ein gewöhnlicher deutscher Hauptsatz – *hat sich* und *verliebt* umklammern das Objekt (*die Personalreferentin*) und die Umstandsangabe (*während des Bewerbungsgesprächs*). Solche Umklammerungen sind im Englischen, Spanischen oder Französischen nicht vorgesehen. In jeder dieser Sprachen hieße es:

Egon Hallhuber hat sich verliebt in die Personalreferentin während des Bewerbungsgesprächs.

Nur wir Deutschen sind so grausam, die Teile des Verbs auseinander zu reißen. Das bringt Probleme mit sich. Zum einen leidet die Verständlichkeit. Zum anderen kann der erste Teil eines geteilten Verbs den Leser auf eine falsche Fährte locken. Besonders verwirrend wird es, wenn der Autor zwischen den auseinander gerissenen Teilen des Verbs mehr als zwölf Silben ausbreitet.

Herr Maier schlug Herrn Schulze wegen seines Engagements für die Mitarbeiterzeitung und das Leitbild der Firma, an dessen Formulierung er federführend mitgewirkt hatte, für den Betriebsrat vor.

Spätestens mit dem fünften Wort hat der Autor dieses Satzes seine Leser auf die falsche Fährte gelockt. *Maier schlug Schulze*, lesen sie und fragen sich: Warum denn bloß? Dann kleckst der Autor das Wort *wegen* in den Satz. Damit führt er die Leser noch weiter weg vom eigentlichen Sinn. Denn dieses *wegen* leitet keineswegs eine Erklärung dafür ein, weshalb der arme Herr Schulze Prügel bezog. Der wahre Sinn erschließt sich dem Leser erst mit dem letzten Wort des Satzes.

Wir profitieren von der Einführung dieser Maschine, die uns die Arbeit wesentlich erleichtern könnte, weil sie, im Gegensatz zu herkömmlichen Abkantpressen, auch die Handhabung der Teile übernimmt und selbst große Platinen mühelos abkantet, unter dem Strich nicht.

Der Autor beendet seinen Satz mit dem scheinbar harmlosen Wörtchen *nicht.* Dass er so den Sinn, den er 36 Wörter lang ausgebreitet hat, mit einem Schlag ins Gegenteil verkehrt, ist ihm entweder nicht bewusst oder egal.

Ohne Umweg ans Ziel

Führen Sie Ihre Leser auf dem direkten Weg zum Ziel! Verwirren Sie sie nicht durch nachklappende Verbfetzen! Lassen Sie zusammen, was zusammengehört! Dazu haben Sie drei Möglichkeiten:

- Prüfen Sie, ob Sie das Verb, das Sie zerreißen müssten, durch eines ersetzen können, das sich nicht zerreißen lässt! So könnte man statt: *Er stellte in seiner Rede den Widerspruch zwischen … dar*, auch schreiben: *Er behandelte in seiner Rede den Widerspruch zwischen …* Oder, noch einfacher: *Er sprach über den Widerspruch zwischen …*

- Manchmal können Sie die Hälften des Verbs einfach nebeneinander stehen lassen. Anstatt zusätzliche Informationen dazwischenzuquetschen, können Sie diese oft einfach an den Satz anhängen. Also nicht: *Sie hat 1999 bei Prof. Dr. Egon Hallhuber und Prof. Dr. Herbert Knusefrunz von der School of Advanced International Studies der John Hopkins University promoviert.* Sondern: *Sie hat 1999 promoviert, bei Prof. Dr. Egon Hallhuber und Prof. Dr. Herbert Knusefrunz …*

- Wenn Sie ein Verb zerreißen müssen – was ab und zu vorkommt – halten Sie sich an die Faustformel von Wolf Schneider: Stopfen Sie nicht mehr als zwölf Silben zwischen die Hälften des Verbums! Also nicht: *Ich rufe Sie morgen sicher wegen des Termins mit Herrn*

Dr. Knusefrunz in Hamburg zurück (19 eingeschobene Silben). Sondern: Ich rufe *Sie morgen sicher* zurück, um mit Ihnen über den Termin mit Dr. Knusefrunz in Hamburg zu sprechen (fünf dazwischengeschobene Silben).

Bauen Sie eindeutige Sätze!

Der Personalreferentin hatten schon viele Bewerber gegenübergesessen, aber Egon Hallhuber war anders. Egon Hallhuber wollte sie küssen.

Oder:

Mitarbeiter, die sich an dem Projekt beteiligen, belohnen die Mitglieder des Führungsteams mit zwei Tagen Sonderurlaub.

Was ist das Problem dieser Sätze? Sie sind mehrdeutig. In beiden Fällen ist nicht klar, wer Subjekt ist und wer Objekt. Will Egon Hallhuber die Personalreferentin küssen oder umgekehrt? Und wer belohnt im zweiten Beispiel wen?

Machen Sie Subjekt und Objekt eindeutig kenntlich! Also nicht: *Egon Hallhuber wollte sie küssen.* Sondern: *Ihn wollte sie küssen.* Oder: *Er wollte sie küssen.*

Im zweiten Beispiel könnten Sie Missverständnisse einfach ausschließen, indem Sie die im Deutschen gebräuchlichste Satzstellung wählen: Subjekt, Prädikat, Objekt. Dann hieße der Satz: *Die Mitglieder des Führungsteams* (Subjekt) *belohnen* (Prädikat) *Mitarbeiter* (Akkusativobjekt), *die sich an dem Projekt beteiligen, mit zwei Tagen Sonderurlaub.*

Akkusativobjekte nicht an den Satzanfang!
Stellen Sie niemals ein Akkusativobjekt an den Satzanfang, wenn es nicht vom Subjekt zu unterscheiden ist!

3.5   Glasklar gliedern

WORUM GEHT ES?

Auf den Titelseiten alter Zeitungen steht manchmal nur ein einziger Text: eine Wüste aus Buchstaben, klein gedruckt und weder durch Bilder oder Grafiken noch durch Zwischenüberschriften aufgelockert. Die damaligen Leser störten sich nicht daran. Sie waren es gewohnt, viel zu lesen. Radio oder Fernsehen besaßen nur wenige, und das Internet war noch nicht erfunden. Die meisten heutigen Leser würden eine so gestaltete Zeitung nicht kaufen, geschweige denn lesen. Sie haben weder Zeit noch Lust, sich durch öde Bleiwüsten zu schleppen.

Die geänderten Lesegewohnheiten haben Konsequenzen für jeden Text, der Informationen vermitteln will: Er sollte nicht nur in klarer, einfacher und kraftvoller Sprache verfasst sein, sondern auch optisch glasklar gegliedert. Sein Layout muss dem Auge des Lesers Halt und Orientierung bieten, ihn willkommen heißen und in den Text führen.

WAS BRINGT ES?

Noch bevor Ihr Leser die erste Zeile liest, fällt sein Blick auf die Gestaltung des Textes. Wenn sich ihm nichts bietet außer einem unüberschaubaren Meer von Buchstaben, haben Sie ihn schon verloren. Er wird Ihren Text beiseite legen, ohne auch nur einen Satz gelesen zu haben – es sei denn, er ist dazu gezwungen. Gerade dann sollten Sie es ihm möglichst leicht machen.

Schlecht gegliederte Texte ohne Absätze, Grafiken und Zwischenüberschriften schotten sich vom Leser ab; sie signalisieren ihm: „Vorsicht, bloß nicht weiterlesen! Dieser Text wird dir Mühe bereiten. Verschwende deine wertvolle Lebenszeit nicht damit, dich durch diese Buchstabenwüste zu quälen!"

Gestalten Sie Ihre Texte einladend und gliedern Sie sie glasklar! Nachfolgend lernen Sie die wichtigsten Hilfsmittel hierfür kennen.

WIE GEHE ICH VOR?

Erinnern Sie sich an den Küchenzuruf!

Die erste und grundlegende Regel für klar gegliederte Texte lautet: Jeder Text transportiert nur *eine* Hauptbotschaft, hat nur *einen* Küchenzuruf (vgl. Seite 20 ff.)!

Stellen Sie sich vor, Sie seien Vertriebsmitarbeiter der Firma Müller und Co. und hätten einen Text für Ihr Kundenmagazin zu schreiben. Küchenzuruf: *Die Knusefrunz AG hat drei Müller-Maschinen gekauft. Damit produziert Sie jetzt doppelt so schnell wie früher.* Vielleicht wissen Sie über Ihren Kunden, die Knusefrunz AG, auch noch, dass sie eine sehr erfolgreiche Firmengeschichte vorzuweisen hat: *Bei ihrer Gründung 1991 hatte sie drei Mitarbeiter; heute arbeiten 1000 Menschen an 16 Standorten in sieben Ländern für die Knusefrunz AG.*

Widerstehen Sie der Versuchung, die Chronik des Erfolgs der Knusefrunz AG mit in Ihren Text zu packen! Das Ergebnis wäre ein Wirrwarr aus Informationen: einerseits über die drei neuen Maschinen, mit denen Knusefrunz jetzt schneller denn je produziert (Küchenzuruf A), und andererseits über die Geschichte der Firma (Küchenzuruf B). Es gibt einen einfachen Ausweg: Schreiben Sie *zwei* Texte!

Zwei Küchenzurufe, zwei Texte!
Widmen Sie jedem Küchenzuruf einen neuen Text! Im
Beispiel des Beitrags über die Knusefrunz AG könnten Sie
einen längeren Text zum Küchenzuruf A schreiben, in
dem Sie schildern, weshalb sich Knusefrunz für die Maschinen Ihrer Firma entschieden hat und wie es ihm gelingt, damit doppelt so schnell zu produzieren wie früher.
Daneben stellen Sie einen zweiten, kürzeren Text über
die erfolgreiche Firmengeschichte (Küchenzuruf B) – vielleicht in einem Kasten. Diese Gliederung erleichtert Ihnen
das Schreiben und Ihren Lesern die Lektüre.

Anker für das Auge des Lesers

Am Institut für Praktische Journalismusforschung
in Leipzig wurde Lesern Helme aufgesetzt, an denen
Kameras befestigt waren. Mit Hilfe dieser Kameras
ließ sich verfolgen, worauf der Blick der Leser zuerst
fiel, in welcher Reihenfolge sie Zeitungsseiten lasen
und an welchen Stellen sie die Lektüre abbrachen.
Ein Ergebnis dieser Blickverlaufstests lautet: Die
meisten Leser schauen zuerst auf das größte Bild auf
der Seite. Dann lesen sie die Bildunterschrift; dann
die Überschrift und den Vorspann und schließlich –
wenn sie das Thema anspricht – steigen sie in den
Text ein.

Eine Grafik statt spröder Zahlen

Machen Sie sich diese Erkenntnisse zunutze! Fangen
Sie den Blick Ihrer Leser ein, indem Sie Ihren Text
durch aussagekräftige Fotos und Grafiken ergänzen!
Grafiken und Tabellen haben einen weiteren wichti-
gen Vorteil: Sie entlasten den Haupttext von sprödem
Zahlenmaterial und trockenen, technischen Daten.
Wenn Sie die wichtigsten Zahlen zu Ihrem Thema in

einer Grafik aufbereiten, können Sie sich in Ihrem Text darauf konzentrieren, Ihre Leser mit Anekdoten und Beispielen für Ihr Thema zu gewinnen. Denn nichts schreckt Leser mehr ab als ein mit Zahlen oder Abkürzungen überfrachteter Text.

Zu jedem Bild ein kurzer Text
Kein Foto ohne Bildunterschrift lautet eine Regel im Journalismus. Halten Sie sich daran – auch wenn Sie Konzepte, Berichte oder Produktinformationen schreiben! Erklären Sie Ihren Lesern die Fotos und Grafiken, die Sie verwenden. Und zwar nicht im Fließtext, sondern in ein, zwei Zeilen direkt unter der Grafik oder dem Foto. Die Bildunterschrift ist der erste Text, auf den sich Ihre Leser stürzen – vielleicht die einzige Gelegenheit, sie für den Haupttext zu gewinnen.

Die Überschrift soll neugierig machen

Kein Text ohne Überschrift lautet eine weitere Journalistenweisheit. Finden Sie eine prägnante Zeile, die die Neugierde Ihrer Leser weckt! Vielleicht:

> *Knusefrunz: So fix wie nie*

Nach der Überschrift platzieren Sie einen kurzen Vorspann, der den Küchenzuruf Ihres Textes beinhaltet, dem Leser also sofort vermittelt, worum es in Ihrem Text geht; zum Beispiel: *Die Knusefrunz AG produziert jetzt schneller als die Konkurrenz. Ihr Geheimnis: drei neue Maschinen von Müller und Co.*

Kein Text ohne Vorspann!
Die Überschrift soll den Leser aufmerksam machen. Sie muss ihm nicht vermitteln, worum es in Ihrem Text geht. Diese Aufgabe übernimmt der Vorspann. Er beantwortet dem Leser die Frage, weshalb er den Text lesen sollte.

Spätestens nach der Lektüre des Vorspanns muss der Leser also wissen, ob ihn der Text interessiert.

Zwischenüberschriften – Oasen im Text

Zwischenüberschriften sind die Oasen in der Bleiwüste. Der Leser wandert von einer zur anderen durch den Text. Sie geben ihm Orientierung und Gelegenheit durchzuatmen. Mit Zwischenüberschriften nehmen Sie langen Texten den Schrecken. Sie gliedern den Text in leicht zu bewältigende Etappen, die dem Leser signalisieren: Dieser Text ist wohl geordnet und angenehm zu lesen.

Machen Sie die Gliederung sichtbar!

Vor dem Schreiben ordnen Sie den Inhalt Ihres Textes. Sie legen den Küchenzuruf fest und finden drei bis fünf Argumente oder Aspekte, die diesen Küchenzuruf stützen (vgl. Seite 17 ff.). Machen Sie diese Gliederung für Ihre Leser sichtbar! Finden Sie für jedes Ihrer Hauptargumente oder für jeden Aspekt Ihres Themas eine prägnante Überschrift und gliedern Sie damit Ihren Text. Ihr Leser wird Ihre Argumentationskette mit einem Blick erkennen.

Ein Absatz für jeden Gedankengang

Ein Text ohne Absätze ist wie ein Schnitzel, das ohne Messer und Gabel serviert wird: Der Leser muss ihn in einem Stück herunterwürgen. Ersparen Sie's ihm! Gliedern Sie Ihren Text in mundgerechte Stücke! Immer wenn Sie einen Gedankengang abgeschlossen haben, ist es Zeit, einen Absatz einzufügen.

Heben Sie betonte Worte hervor!

Wenn Sie schreiben, können Sie Ihren Worten nicht mit Ihrem Gesichtsausdruck, Ihren Gesten oder

Ihrer Stimme die gewünschte Betonung geben. Sie haben nichts als nackte Buchstaben. Doch: Sie können manche davon kursiv setzen. Tun Sie es, wenn es Ihren Lesern hilft, den Text mit der richtigen Betonung zu lesen! Machen *Sie* sich Gedanken, damit *er* sich keine machen muss!

Mit Kursivschrift können Sie auch deutlich machen, dass Sie jetzt das Thema wechseln: „Im vorangegangenen Kapitel ging es darum, wie man *Sätze* glasklar gliedert, jetzt beschäftigen wir uns mit der Gliederung von *Texten.*"

Sie haben weitere Möglichkeiten, die betonten Wörter in Ihren Texten hervorzuheben: Sie können sie **fetten**, GROSS- oder g e s p e r r t schreiben oder unterstreichen. Aber übertreiben Sie nicht: Entscheiden Sie sich für eine dieser Möglichkeiten, sonst verlieren Ihre Leser den Überblick.

4
Weg mit den Marotten

WORUM GEHT ES?

Oft sind es Kleinigkeiten, die aus einem guten Text eine Peinlichkeit machen. Zum Beispiel ein falsch gesetzter Apostroph: „Die Projektgruppe trifft sich *montag's* bis *freitag's* von 09.00 bis 11.30 Uhr." Oder falsch platzierte Gänsefüßchen: „Bei uns können Sie sich richtig „*satt*" essen." Oder ein unnötiger Amerikanismus: „*Es macht keinen Sinn*, sich noch länger zu streiten." Oder eine verdrehte Redensart: „Jeder muss sein *Schäflein* beitragen!" Hüten Sie sich vor solchen Marotten!

WAS BRINGT ES?

Solche Schlampereien haben den gleichen Effekt wie falsch geschriebene Worte: Sie verringern nicht unbedingt die Verständlichkeit Ihrer Texte, aber sie untergraben Ihre Autorität als Autor. Natürlich können Sie Stuhl ohne „h" schreiben und in „montags" einen Apostroph rammen. Der Leser wird sich aus dem Zusammenhang konstruieren, dass Sie „Stuhl" und „montags" meinen. Aber er wird Ihren Text belächeln und Sie als Autor nicht mehr so ernst nehmen.

WIE GEHE ICH VOR?

Einige sprachliche Marotten begegnen einem fast täglich. Im Folgenden beschreiben wir die schlimmsten und geben Tipps dafür, wie Sie sie vermeiden:

4.1   Deplatzierte Apostrophe

Sehen Sie beim nächsten Stadtbummel einmal genauer hin! Über jeder dritten Kneipe prangt ein falscher Apostroph: *Peter's Pinte*, *Claudi's Bierstüberl*, *Karl's Stehimbiss* steht auf den Schildern, die Wirte über die Eingänge zu ihren Gaststuben hängen. Dabei kommt der deutsche Genitiv – im Gegensatz zum englischen – hervorragend ohne den Apostroph aus. Was spricht gegen *Peters Pinte*?

Bastian Sick hat in seiner Zwiebelfisch-Kolumne auf „SPIEGEL ONLINE" dazu aufgerufen, ihm Fotos von Schildern mit deplatzierten Apostrophen zu schicken. Eine Flut von Bildern ist über ihn hereingebrochen. Den Vogel schießt ein bekannter Elektronikmarkt ab: Dort findet man Nachschlagewerke auf CD-ROM unter der Rubrik *Lexica's*. Drei Fehler in einem Wort! Der Plural von Lexikon heißt: Lexika. Ein Blick in den Duden hätte gereicht, um den Verantwortlichen diese Peinlichkeit zu ersparen.

4.2   Falsche Gänsefüßchen

An- und Abführungszeichen – auch Gänsefüßchen genannt – findet man ebenfalls oft dort, wo sie nicht hingehören. So wirbt ein friesischer Gastronom auf seiner Speisekarte für *„Frische Muscheln" – so richtig zum „Sattessen".*

Was will er seinen Gästen damit sagen? Dass die Muscheln *so* frisch gar nicht sind? Und dass man besser etwas anderes bestellt, wenn man großen Hunger hat?

In der Gebrauchsanleitung für ein Kinderbett steht: *Bitte lesen Sie sich die folgenden „Tipps" gut durch, damit „Ihr Nachwuchs" sicher schlafen kann.*

Die Gänsefüßchen um die Tipps sind überflüssig. Die
zweiten sind eine Frechheit! Was will der Autor damit andeuten? Etwa, dass ich gar nicht der Vater meiner Tochter bin?

Korrekt platziert bieten Gänsefüßchen Ihren Lesern keinen Grund für Wutausbrüche, sondern erleichtern ihnen das Lesen. Drei Funktionen können
sie haben:

- Sie kennzeichnen direkte Rede: „Wir werden unsere Ziele für nächstes Jahr noch höher stecken",
  kündigte der Geschäftsführer an.
- Sie machen Zitate kenntlich: „Fantasie ist wich-
  tiger als Wissen, denn Wissen ist begrenzt." Dieser
  Satz stammt von Albert Einstein.
- Sie kennzeichnen Namen von Zeitschriften, Zeitungen, Büchern, Filmen, Theaterstücken, Hotels,
  Schiffen, Gaststätten und Ähnlichem: Udo Lin-
  denberg wohnt im „Atlantic". Jeden Montagmor-
  gen schaut er in den „SPIEGEL". Die Anführungszeichen machen klar: Gemeint sind das Hotel in
  Hamburg und das Magazin, das dort jede Woche
  produziert wird.

Vorsicht: Als Ironiezeichen taugen Anführungszeichen nicht! Ironie bedeutet, dass Sie das Gegenteil
von dem sagen, was Sie meinen. Zum Beispiel, wenn
Sie am Morgen nach einer gemeinsam durchzechten
Nacht Ihrem Kollegen in die verquollenen Augen bli-
cken und sagen: „Meine Güte, siehst du fit aus!" Ihr
Kollege wird an Ihrem Grinsen und an Ihrem Tonfall
merken, dass Sie ihn auf die Schippe nehmen. Diese
Möglichkeiten des Ausdrucks bieten geschriebene
Texte nicht. Deshalb ist Ironie in geschriebener Sprache gefährlich – kaum ein Leser erkennt sie als sol-

che. Anführungszeichen helfen da nicht weiter. Die „Bild"-Zeitung hat DDR immer in Anführungszeichen geschrieben. Sie wollte damit ausdrücken, dass sie die Deutsche Demokratische Republik keineswegs für demokratisch hielt. Es ist fraglich, ob die Gänsefüßchen den Lesern diese Botschaft vermitteln konnten.

4.3   Missglückte Zitate

„Die hohe Motivation unserer Mitarbeiter ist eine wichtige Voraussetzung für unseren zukünftigen Erfolg", betonten die Geschäftsführer Otto Müller und Uwe Maier sowie der Vorsitzende des Aufsichtsrats Heiner Schulze.

Zitate wie dieses findet man häufig, wenn es für einen Text mehrere Auftraggeber gibt, und wenn all diese Auftraggeber in dem Text zu Wort kommen wollen. Vor lauter Pflichtgefühl lassen Autoren ihre Vorgesetzten dann gleich im Chor sprechen. Dabei ist es doch höchst unwahrscheinlich, dass Müller, Maier und Schulze wie aus einem Munde sprachen. Die Lehre aus diesem Beispiel: Ordnen Sie *ein* Zitat nie *mehreren* Personen zu!

Zitate bergen eine weitere Gefahr: das Zitieren um des Zitierens willen. Manche Autoren packen Belanglosigkeiten in Zitate, oder Informationen, die ohnehin jedermann zugänglich sind. Sie glauben, die wörtliche Rede mache ihre Texte interessanter:

„Deutschland besteht aus 16 Bundesländern", sagte der Ministerpräsident.

Oder:

„Die Mitarbeiter der Knusefrunz AG arbeiten in drei Schichten", berichtet die Knusefrunz-Fertigungsleiterin Elfriede Mohn.

Nichts rechtfertigt solche Zitate. Dem Leser bringt es nichts, diese Informationen aus den Mündern des Ministerpräsidenten oder der Fertigungsleiterin zu bekommen. Es wäre besser, der Autor präsentierte sie ohne Anführungszeichen, so wie andere Ergebnisse seiner Recherchen auch. Zitate sind immer dann besonders wirkungsvoll, wenn sie nur vom Zitierten stammen können:

„Ich habe keine Lust mehr, ich schmeiß alles hin!", *rief der Betriebsratsvorsitzende.*

Solch ein Satz *muss* zwischen Anführungszeichen stehen! Denn nur der Betriebsratsvorsitzende kann dem Leser sagen, wie er sich fühlt.

4.4   Dämliches Denglisch

Mein Leben ist eine giving-story. Ich habe verstanden, dass man contemporary sein muss, das Future-Denken haben muss. Meine Idee war, die Hand-tailored-Geschichte mit neuen Technologien zu verbinden. Und für meinen Erfolg war mein coordinated concept entscheidend, die Idee, dass man viele Teile einer collection combinen kann ...

Mit diesen Worten zitiert die „Frankfurter Allgemeine Zeitung" Jil Sander. Als Zitat einer egozentrischen Modemacherin funktioniert solch ein Text, weil er uns zeigt, wie diese Frau denkt und spricht. Wir Normalsterblichen sollten die Kombination aus Deutsch und Englisch meiden. Warum? Weil wir dann weniger aufgeplustert daherkommen und uns *jeder* versteht.

Sie müssen Ihren Kunden keine *All-in-One-Branchensoftware* bieten, um sich in Ihrem *Business* durchzusetzen und zu zeigen, dass Sie mit Ihren *B2B-Solu-*

tions den *State of the Art* repräsentieren. Um sich gewandt auszudrücken und wirkungsvoll zu kommunizieren, müssen Sie nicht immer *up to date* sein. Sie brauchen noch nicht einmal das *Go* von Ihrem *CEO*. Alles, was Sie brauchen, sind einfache, klare, deutsche Wörter, die Sie zu einfachen, klaren, deutschen Sätzen zusammenfügen.

Übrigens: *Es macht keinen Sinn, sich ständig darüber zu streiten* ist *kein* deutscher Satz, sondern eine dem englischen *to make sense* nachgeahmte Formulierung. Korrekt müsste es heißen: *Es hat keinen Sinn, …*

4.5   Schiefe Bilder und verdrehte Redensarten

Jetzt muss jeder sein Schäflein beitragen, damit wir alle gemeinsam den Karren wieder aus dem Dreck ziehen.

Mit diesen Worten versuchte ein Abteilungsleiter, seine Mitarbeiter für schwierige Aufgaben zu motivieren. Einige konnten sich ein Grinsen nicht verkneifen. *Schäflein* sind nette Tiere, aber in der oben zitierten Redensart haben sie nichts verloren. *Scherflein* müsste es heißen, denn so hießen zu Luthers Zeit die kleinsten Kupfermünzen. Sein Scherflein beizutragen bedeutet demnach, seinen (bescheidenen) Beitrag zu etwas zu leisten.

Bilder, Sprichwörter, berühmte Zitate und Redensarten gehören zu den anregenden Zusätzen, die Texte interessanter und verständlicher machen können (vgl. Seite 12 f.). Nur stimmen müssen sie – sonst geht der Schuss nach hinten los:

Fruchtbarer Boden in Deutschlands Süden: Am Bodensee blühen nicht nur Äpfelbäume und Weintrauben, sondern auch die Geschäfte der XY-GmbH.

So beginnt der Text einer Broschüre, mit der die XY-GmbH Kunden für sich gewinnen will. Das ist mutig. Denn die Leser könnten von der Ungenauigkeit der Sprache auf die Denk- und Arbeitsweise der XY-Mitarbeiter schließen: Es heißt nicht Äpfelbäume, sondern Apfelbäume, und Weintrauben blühen nicht.

Die Redakteurin einer Mitarbeiterzeitschrift schrieb in einem Porträt über einen Kollegen:

Giovanni R. ist ein Tüftler – bei der Arbeit wie in seiner Freizeit. Jedes Jahr zu Weihnachten holt er seine Modelleisenbahn vom Speicher. Wie seine Miniaturloks steht auch der gebürtige Italiener nie still.

Die Autorin verwendet einen bildhaften Vergleich, um zu zeigen, dass Giovanni R. ein viel beschäftigter Zeitgenosse ist. Doch der Vergleich hinkt: Im Gegensatz zu Giovanni R. stehen seine Miniaturloks die meiste Zeit still. Nur zu Weihnachten zischen sie über die Schienen.

Vier Augen sehen mehr als zwei

Lassen Sie jeden Text gegenlesen! Im eigenen Text übersieht man nicht nur Komma- und Rechtschreibfehler, sondern auch ungenaue oder gar peinliche Formulierungen. Bitten Sie einen Kollegen, Ihren Lebenspartner oder einen Freund, Ihren Text gegenzulesen. Wenn der Text vervielfältigt oder gedruckt werden soll, sollten Sie ihn vorher von mehr als einer Person prüfen lassen. Denn schlimmer als ein Fehler ist ein Fehler, den alle Welt zur Kenntnis nimmt.

5
Die Kunst des ersten Satzes

WORUM GEHT ES?

Wenn man einen Ochsen schlachten will, so schlägt man ihm gerade vor den Kopf, schrieb der Aphoristiker Georg Christoph Lichtenberg. So sollte der Auftakt zu einem Text sein. Der Leser entscheidet innerhalb von wenigen Sekunden, welchem Text er sich länger zuwendet und welchen er gleich beiseite legt. Der Autor muss seinen Leser also bereits mit seinem ersten Satz fesseln.

Die Schriftsteller haben dies erkannt und verwenden viel Mühe darauf, den ersten Satz ihres Werkes zu formulieren. Drei Beispiele aus der Weltliteratur:

Jemand musste Josef K. verleumdet haben, denn ohne dass er etwas Böses getan hätte, wurde er eines Morgens verhaftet, beginnt Franz Kafka seinen Roman „Der Prozess". *Alle glücklichen Familien gleichen einander, jede unglückliche Familie ist unglücklich auf ihre eigene Art*, lauten die ersten Worte von Lew Tolstois „Anna Karenina". Und Marcel Proust fängt seinen Monumentalroman „Auf der Suche nach der verlorenen Zeit" scheinbar harmlos so an: *Lange Zeit bin ich früh schlafen gegangen.*

WAS BRINGT ES?

Sicherlich: Ein Marketingkonzept, ein Fachartikel oder eine Entscheidungsvorlage sind kein belletristisches Werk und Sie bewerben sich nicht um den Literaturnobelpreis. Dennoch kann jeder Autor etwas von den großen Schriftstellern lernen. Er kann verstehen, wie man den Leser in einen Text zieht und ihn bei der Stange hält.

WIE GEHE ICH VOR?

Was haben die drei oben zitierten Romananfänge gemeinsam?

- Sie erzeugen Spannung, weil sie zum einen eine schlichte Aussage treffen. Diese Aussage ist zum anderen nicht abgeschlossen, ihr wohnt ein Geheimnis inne, der Keim einer weiterführenden Frage: Was ist mit Josef K. passiert? Wie kommt der Autor darauf, dass Unglück so individuell ist? Warum ist der Erzähler früher zeitig zu Bett gegangen, warum tut er es heute offenbar nicht mehr?
- Sie bauen einen Gegensatz auf: zwischen der (für Kafka typischen) Harmlosigkeit des Tons und der Dramatik der Situation; zwischen den glücklichen und den unglücklichen Familien; zwischen dem Früh-zu-Bett-Gehen früher und dem Länger-wach-Bleiben heute.
- Sie bedienen sich einfacher, unspektakulärer Worte.

Diese drei Kniffe lassen sich auch bei profaneren Texten anwenden. Zum Beispiel: *Dieses Marketingkonzept zeigt, wie wir den Umsatz verdoppeln und die Kosten für Werbung halbieren können.* Welcher Vorgesetzte würde jetzt nicht weiterlesen?

Der erste Satz muss sitzen
Ein guter erster Satz erzeugt mit einfachen Worten Spannung und baut einen Gegensatz auf.

Für bestimmte Texte, zum Beispiel Fachartikel, einen Bericht für das Mitarbeitermagazin oder eine Rede, gibt es eine Reihe zusätzlicher Möglichkeiten des Einstiegs:

5.1 Der szenische Einstieg

In der Werkhalle rinnt Schlossermeister Stefan Oblonski der Schweiß in Rinnsalen die Stirn hinunter, den Nacken entlang und verschwindet unter seinem Kragen. Im Getöse der Maschinen verstehen sich die Arbeiter selbst dann nicht, wenn sie sich anschreien.

Der szenische Einstieg schildert eine typische Situation in plastischen Worten. Dabei gilt: Beschreiben Sie, was zu sehen ist, behaupten Sie nicht nur einen Eindruck. Der Leser muss selbst zu seinen Schlussfolgerungen kommen. (vgl. Tipp von Seite 46) Schreiben Sie also nicht: *In der Werkhalle ist es unerträglich heiß*, sondern zeigen Sie dem Leser, wie dem Schlosser der Schweiß über das Gesicht läuft.

Wichtig: Die Szene muss im Zusammenhang mit dem Küchenzuruf des Textes stehen. Beschreiben Sie also nicht irgendeine Szene, um dann zum Thema Ihres Textes zu kommen, sondern eine für ihren Küchenzuruf aussagekräftige Szene.

5.2 Das Zitat

„Motorrad fahren ist für mich mehr als ein Hobby. Es ist für mich eine eigene Welt. Ohne mein Motorrad wäre mein Leben unglaublich ärmer", schwärmt der 34-jährige Josef Kranz, Stuttgarter Niederlassungsleiter eines Sanitär-Großhandels.

So könnte der Einstieg in eine Marketingstudie zum Thema „Motorrad fahren in Deutschland" lauten.

Zitate sind ein beliebter und oft passender Auftakt. Sie machen den Leser schon am Anfang mit einem Menschen vertraut – und Menschen interessieren Menschen immer noch am meisten.

Auch hier gilt: Das Zitat muss den Küchenzuruf treffen. Und es darf nicht allzu banal sein. Ein Zitat, das nur hohle Phrasen wiederkäut, zieht Leser mit Sicherheit nicht in den Text wie zum Beispiel: *„Wir haben uns um innovative und kreative Lösungen für die großen Herausforderungen des Marktes bemüht", erläuterte Geschäftsführer Heiner Laber.*

5.3   Das berühmte Zitat

„Wenn du geschwiegen hättest, hätte man dich für einen Philosophen halten können", hieß es bei den alten Griechen. Aber Bibi Baier kann nicht schweigen. Sie würde am liebsten ohne Pause von ihrer neuen Arbeit beim Software-Hersteller Fine Solutions erzählen.

Das berühmte Zitat ist ein Sonderfall des Zitats. Oftmals finden sich kluge Worte kluger Leute, die gut zum gewählten Thema passen. So hätte man dieses Buch gut mit einem Wort des Schriftstellers Oskar Stock beginnen können: „Nichts ist leichter, als sich schwierig auszudrücken." Wir haben uns dagegen entschieden, denn wer kennt schon Oskar Stock?

Es gibt zwei Aspekte, die man bei der Wahl eines berühmten Zitats beachten sollte:

- Der Urheber sollte hinreichend berühmt sein.
- Das Zitat darf nicht so abgehoben sein, dass es nach Bildungshuberei aussieht.

Im Internet und in Buchform gibt es zahlreiche Zitatensammlungen, aus denen sich ein Autor bedienen kann. Bekannt sind Georg Büchmanns „Geflügelte Worte" und der von Richard Zoozmann begründete „Zitatenschatz der Weltliteratur".

5.4   Das Paradoxon

Der Markt für Junk Bonds ist zusammengebrochen. Und trotzdem kann man damit sehr, sehr viel Geld verdienen.

Das Paradoxon stellt zwei scheinbare Gegensätze nebeneinander. Der Leser ist zunächst verblüfft und interessiert sich für die Auflösung des Widerspruchs. Der muss im Verlauf des Textes auch tatsächlich kommen.

Wenn Sie es geschickt anstellen, können Sie das Paradoxon bis zum letzten Absatz des Textes durchziehen – und immer wieder die Spannung aufrechterhalten. Auf der sicheren Seite aber sind Sie, wenn Sie den Widerspruch bereits im zweiten oder dritten Absatz auflösen.

5.5   Die direkte Ansprache des Lesers

Stellen Sie sich vor, Sie seien eines von 19 Teilen, die bei Bosch in 13 Arbeitsschritten zu einem Dieselmagnetventil zusammengesetzt werden. Bei der bisherigen Art der Fertigung wird Ihnen als Bauteil schnell langweilig.

Dieser Text, ein Artikel in einem Mitarbeitermagazin von Bosch, beschreibt das Produktionssystem BPS. Er macht Lust aufs Lesen, weil er anschaulich ist und den Leser direkt anspricht.

Eine Sonderform der direkten Ansprache ist die Frage an den Leser:

Haben Sie schon einmal daran gedacht, Ihren alten CD-Player durch ein neues multifunktionales Gerät von XYZ zu ersetzen? Jetzt haben Sie in einer einmaligen Rabattaktion die Gelegenheit dazu.

So könnte zum Beispiel ein Direkt-Marketing-Brief anfangen.

6
Der Aufbau von Texten

6.1 Konzepte und Strategiepapiere

WORUM GEHT ES?

Konzepte und Strategiepapiere sind Texte, die im Alltag häufig verfasst werden müssen. In der Regel sind die Autoren keine Profi-Schreiber. Sie kennen sich in ihrem Fachgebiet aus, aber das Formulieren fällt ihnen nicht selten schwer.

Deshalb greifen viele Autoren von Konzepten und Strategiepapieren auf oft gehörte und gelesene, blutleere Floskeln zurück. Sie passen sich so dem trockenen, schwer verständlichen Stil an, den sie aus dem Studium gewöhnt sind.

WAS BRINGT ES?

Gute Konzepte sollten sich flüssig lesen lassen. Sie sollten

- leicht verständlich und
- eindeutig formuliert sein.

Schlechter Stil und schwer verständliche Texte können leicht missverstanden werden, oder sie werden überhaupt nicht verstanden. Dann war die ganze Arbeit am Konzept überflüssig.

WIE GEHE ICH VOR?

Für Konzeptpapiere gibt es in vielen Firmen Standards und Normen, an die sich alle zu halten haben. Das ist auch sinnvoll, damit sich ein Leser nicht jedes Mal auf einen anderen Aufbau und eine andere Struktur einstellen muss. Sollte es in Ihrem Unternehmen noch keinen einheitlichen Aufbau für Konzepte und Strategiepapiere geben, bietet die folgende Struktur einen Hinweis. Natürlich muss sie den jeweiligen Erfordernissen und Besonderheiten eines Themas und eines Unternehmens angepasst werden.

Konzepte sind, kurz gesagt, Lösungsvorschläge für ein definiertes Problem. Das Schema *Problem-Lösungsweg-Lösung*, das hier vorgeschlagen wird, hilft auch bei der Vorbereitung – es schafft Klarheit und Struktur im Denken.

Executive Summary

Es kann sinnvoll sein, das Konzept mit einer Zusammenfassung zu beginnen. In ihr werden in drei, vier Sätzen das Problem und die vorgeschlagene Lösung umrissen. Das Executive Summary ist gedacht für den schnellen Leser, der sich rasch einen Überblick verschaffen will, für die Führungskraft („Executive"), die sich nicht mit Details aufhalten kann.

Problembeschreibung

In diesem Teil beschreiben Sie das Problem, zu dem das Konzept eine Lösung bietet, so genau wie möglich. Je präziser Sie sind, desto klarer kann später auch Ihre Lösung als geeignet erkannt werden. Die Problembeschreibung ist kein Ort, an dem Sie Dinge schönreden. Das heißt nicht, dass Sie brutal in der

Wortwahl sein müssen, wohl aber, dass Sie sich einer schonungslosen Klarheit und Präzision befleißigen.

In der Problembeschreibung berücksichtigen Sie auch die äußeren Umstände, zum Beispiel das technische oder das Marktumfeld.

Lösungsweg

Skizzieren Sie hier, wie Sie auf die Lösung für das oben beschriebene Problem gekommen sind. Berücksichtigen Sie Benchmarks, also die Lösungen, die Mitbewerber gefunden haben. Zählen Sie die Argumente auf, warum bestimmte andere Lösungen sich nicht anbieten.

Der Lösungsweg sollte ausführlich sein, aber nicht geschwätzig. Nicht alle Irrwege, die Sie bei der Suche nach einer Lösung gegangen sind, müssen hier erwähnt werden. Wohl aber solche, aus denen Sie wertvolle Erkenntnisse für die dann vorgeschlagene Lösung gewonnen haben.

Klar gliedern!
Wählen Sie für Ihre Argumente ein klares Gliederungssystem (zum Beispiel 1., 2., 3. usw. oder a) b) c)). Wichtig ist, dass Sie diese Gliederung konsequent durchhalten.

Lösung

Schreiben Sie dann, zu welchem Ergebnis Ihre Überlegungen geführt haben. Auch hier ist wieder ein hohes Maß an Präzision notwendig. Oft bietet es sich an, die Lösung in verschiedene Schritte zu gliedern. Manchmal können Sie auch Alternativvorschläge erwähnen. Sie sollen aber abwägen, was für den jeweiligen Vorschlag spricht.

6.2   Produktbeschreibung

WORUM GEHT ES?

Für Vertriebsunterlagen, Broschüren und zur Kunden-
information müssen Produktmanager und Inge-
eure oft Produktbeschreibungen verfassen. Die beiden häufigsten Probleme dieser Texte sind:

- Eine Missachtung der potentiellen Leser: Die Autoren kennen die Produkte, über die sie schreiben,
  sehr gut. Die Leser lernen sie erst kennen. Das beachten viele Schreiber bei ihren Texten nicht – sie
  setzen zu viele Kenntnisse voraus und verwenden
  eine zu fachspezifische Sprache.
- Die falsche Perspektive: Viele Produktmanager
  und Ingenieure sind von den technischen Besonderheiten ihres Produktes fasziniert. Sie schreiben mit zu großer Begeisterung für technische
  Details.

WAS BRINGT ES?

Gute Produkte werden dem Kunden erst durch gute
Produktbeschreibungen bekannt. Wenn er die Texte
in den Beschreibungen nicht versteht oder sie an seinen Interessen vorbeigeschrieben sind, kann auch
das Produkt seine Chance verspielt haben.

WIE GEHE ICH VOR?

Überlegen Sie, welches Problem den Kunden dazu
veranlassen könnte, Ihr Produkt zu erwerben. In einem ganz einfachen Beispiel: Der Kunde will ein Bild
aufhängen. Dazu muss er ein Loch in die Wand bohren, einen Dübel einführen und einen Haken anbringen. Wenn Sie Vertreter für Bohrmaschinen sind, erklären Sie ihm, dass sich mit Ihren Bohrmaschinen

besonders leicht und problemlos Löcher bohren lassen – und nicht, welche tollen technischen Details die Maschine hat!

Immer an den Leser denken!
Eine gute Produktbeschreibung geht von den Problemen des Kunden aus, nicht von der Perspektive der Produktentwickler.

Diese Hinweise gelten natürlich nur eingeschränkt für Produktbeschreibungen und technische Dokumentationen, die einer DIN-Norm unterliegen.

6.3 Pressemitteilung

WORUM GEHT ES?

Pressemitteilungen richten sich an Profi-Leser. Redakteure von Tageszeitungen und Zeitschriften, Hörfunk und Fernsehen bekommen jeden Tag Dutzende von Pressemeldungen auf den Tisch. Sie müssen innerhalb von Sekunden entscheiden, ob sich das Thema für ihr Blatt oder ihre Sendung eignet.

Wenn Ihre Pressemitteilung eine Chance haben soll, von einer Redaktion beachtet zu werden, sollte sie professionellen Kriterien genügen – vorausgesetzt, Sie versuchen nicht, die Redaktion durch eine Anzeigenschaltung zum Abdruck zu erpressen. Und selbst wenn es Ihnen auf diese Weise gelänge: Abgedruckt heißt noch lange nicht, dass die Leser sie auch lesen!

WAS BRINGT ES?

80 Prozent dessen, was wir wissen, erfahren wir aus den Medien. Unsere Wahrnehmung der Wirklichkeit

ist also geprägt durch das Bild, das die Medien vermitteln. Für Unternehmen ist es deshalb wichtig, in den so genannten Massenmedien, also Zeitungen, Zeitschriften, Hörfunk, Fernsehen und Internet aufzutauchen – wenn möglich, positiv!

Um dies zu erreichen, ist eine gute Pressearbeit notwendig. Nicht jede Firma kann es sich leisten, dafür eigens ausgebildete Journalisten zu beschäftigen.

Auch für jene, die nur indirekt mit der Pressearbeit befasst sind, zum Beispiel weil sie Pressemitteilungen oder Artikel in Kundenzeitschriften freigeben müssen, ist es wichtig, sich mit den Anforderungen der Medien zu befassen.

WIE GEHE ICH VOR?

„Vergessen Sie alles, was Sie in der Schule über das Aufsatzschreiben gelernt haben. Machen Sie genau das Gegenteil!' – Dieser Ratschlag war alles, was mir der Lokalchef meiner Heimatzeitung gesagt hatte, bevor er mich zu meinem ersten Termin für einen Artikel schickte", erinnert sich ein heute recht erfolgreicher Journalist.

Es war ein sehr guter Rat. Denn journalistische Texte sind anders aufgebaut als Schulaufsätze. Im Journalismus gibt es so genannte Darstellungsformen oder Genres. Die Pressemitteilung hat in der Regel die Form einer *Nachricht*. Nachrichten sind nach einem bestimmten Prinzip aufgebaut: der Hierarchie der Wichtigkeit (Bild 5).

Pressemitteilungen: Das Wichtigste zuerst!
Pressemitteilungen nennen das Wichtigste zuerst. Sie beantworten im ersten Absatz alle wichtigen W-Fragen!

Bild 4: Nachrichtenpyramide

Im ersten Satz, spätestens im ersten Absatz, sollten alle relevanten W-Fragen beantwortet werden:

- Wer tat
- was
- wann
- wo
- wie
- warum?

Manchmal kommt noch ein siebtes W hinzu: Woher, d. h. aus welcher Quelle stammt die Information? In Ihrer Pressemitteilung hieße es dann: … *schreibt die Firma/Organisation XY in einer Pressemitteilung.*

Sobald Sie die wichtigsten Informationen im ersten Absatz zusammengefasst haben, sollten Sie sich noch einmal zurücklehnen und sich fragen: Wen soll das interessieren? Oder auch: Würde mich diese Tatsache interessieren, wenn ich sie jetzt nicht gerade in eine Pressemitteilung für meine Firma schreiben müsste?

Leider enthalten zu viele Pressemitteilungen so wenig Neuigkeiten und Interessantes, dass sie besser ungeschrieben geblieben wären. Ein Beispiel: Ein mittelständischer Betrieb in einer deutschen Großstadt teilt der regionalen Tagespresse mit, dass die sieben oder acht Firmenfahrzeuge künftig auf eine neue Farbe umgespritzt werden. Wen sollte das außerhalb der Firma interessieren?

Fragen Sie sich bei jeder Pressemitteilung, die Sie schreiben sollen: Warum sollte ein fremder Leser diese Information erfahren? Warum sollte ihn das interessieren?

Eine gute Prüfung ist, wenn Sie sich selbstkritisch fragen: Würde ich selbst mich für diese Meldung interessieren, wenn sie von jemand anderem handelte?

In einer Pressemitteilung sollten Sie so konkret wie möglich werden. Dass zum Beispiel ihre Produkte „innovativ" sind, behauptet jede Firma. Eine solche Formulierung wird den Redakteur wie den Leser zum Gähnen bringen. Sagen Sie dem Leser deshalb, was genau an ihren Produkten oder Dienstleistungen innovativ ist, also etwas Neues, bisher nie Dagewesenes darstellt. Fällt Ihnen dazu nichts ein, dann ist Ihr Produkt vermutlich gar nicht so innovativ, wie Sie glauben machen wollen.

Bedenken Sie: Niemand interessiert sich für Ihre Produkte, nur weil Sie *behaupten,* sie seien zum Beispiel eine „innovative Lösung". Spannend wird es für den Leser erst, wenn Sie den Nutzen für ihn *konkret* anhand von Beispielen belegen.

Neutral bleiben!
Pressemitteilungen sollten immer aus neutraler Perspektive geschrieben sein, also in der dritten Person. Formulierungen wie „unser Unternehmen" haben darin nichts verloren.

Sie müssen damit rechnen, dass Ihre unaufgefordert zugeschickte Pressemitteilung von der Redaktion bearbeitet, redigiert wird. Je professioneller die Pressemeldung geschrieben ist, desto größer ist die Chance, dass sie unverändert übernommen wird – und dass Sie vom Leser schließlich wahrgenommen und gelesen wird.

Machen Sie es den Redakteuren leicht!

Lassen Sie bei Ihrer Pressemitteilung rechts oder links ausreichend Rand. Der Zeilenabstand sollte mindestens 1,5 betragen. So hat der Redakteur, falls er Ihre Mitteilung auf Papier bearbeitet, ausreichend Platz für seine Redigieranmerkungen.

Wichtig ist: Eine Pressemitteilung ist weder Marketing noch Werbung. Sie dient dazu, Informationen an die Öffentlichkeit zu bringen. Selbstlob, werbende Formulierungen und geschönte Beschreibungen schaden der Glaubwürdigkeit Ihrer Pressemitteilung! Seriöse Medien werden sie nicht drucken, und auf unseriöse Medien können Sie verzichten!

So ist eine typische Pressemitteilung aufgebaut

- Firmenbriefkopf
- Pressemitteilung
- Überschrift (evtl. Unterzeile): Sie geben bereits den Küchenzuruf wider.
- Ortsmarke und Zeitangabe (zum Beispiel „Berlin, den …").
- Im ersten Absatz steht bereits alles Wichtige. Die W-Fragen werden beantwortet.
- Weitere Absätze enthalten zusätzliche Informationen mit abnehmender Wichtigkeit.

- Gegebenenfalls eine so genannte „Boiler Plate", in der standardisiert alle wichtigen Informationen über das herausgebende Unternehmen zusammengefasst sind.
- Name und Anschrift des Ansprechpartners, Telefonnummer und E-Mail-Adresse. Web-Adresse des Unternehmens.

6.4   Artikel für Zeitungen und Zeitschriften

WORUM GEHT ES?

Viele Unternehmen geben eine Mitarbeiterzeitschrift heraus, um die interne Kommunikation zu verbessern. Der Kommunikation nach außen dienen Kundenzeitschriften. Mit ihnen sollen Kunden an die Firma gebunden, Interessenten geworben und ein Image aufgebaut werden. Der Fachbegriff für diese Publikationen heißt Corporate Publishing (CP).

Auch wenn diese Magazine oft von Agenturen erstellt werden, kommt es vor, dass Mitarbeiter gebeten werden, Artikel zuzuliefern.

Die zunehmende Konkurrenz auf dem Arbeitsmarkt zwingt viele Arbeitnehmer, noch stärker Selbstmarketing zu betreiben, das heißt ihre Fähigkeiten und Leistungen anderen bekannt zu machen. Ein Mittel dazu ist, Beiträge in Fachzeitschriften zu publizieren.

WAS BRINGT ES?

Je professioneller Ihre Artikel geschrieben sind, desto lieber werden Sie gelesen – und desto größeren Nutzen haben Sie und andere davon.

Die Journalistik nennt drei Anforderungen, die an einen journalistischen Beitrag (und das sind Fachartikel und Artikel in Mitarbeiter- oder Kundenzeitschriften) gestellt werden:

- Aktualität: Dieses Kriterium kann im Zusammenhang mit Fachzeitschriften und Corporate Publishing-Produkten relativ großzügig ausgelegt werden. Ein Fachartikel ist auch nach einigen Monaten noch aktuell.
- Wahrheit: Das, was Sie schreiben, muss stimmen.
- Verständlichkeit: Dazu haben Sie in diesem Buch schon einiges gelesen.

WIE GEHE ICH VOR?

Sprechen Sie mit dem Redakteur den Küchenzuruf Ihres Artikels ab. Vielleicht hat er oder sie bereits eine Überschrift als Arbeitstitel im Kopf, an der Sie sich orientieren können.

Wenn Sie selbst mit einer Idee an eine Redaktion herantreten, ist es hilfreich, ein kurzes Exposé vorzulegen. Darin formulieren Sie den Küchenzuruf Ihres Artikels und skizzieren knapp, wie Sie argumentieren wollen.

Klären Sie, wie lang Ihr Text sein soll!
Vereinbaren Sie eine ungefähre Zahl der Anschläge (Zeichenzahl). So können Sie und die Redaktion mit dem Umfang Ihres Artikels besser planen. Die gängigen Textverarbeitungsprogramme rechnen Ihnen die Anschläge aus. Sie werden immer mit Leerzeichen angegeben.

6.5   Online-Texte

WORUM GEHT ES?

Das Internet ist heute für viele Menschen die erste und oftmals auch die wichtigste Informationsquelle. Deshalb kann kein Unternehmen auf eine eigene Homepage verzichten.

Für das Schreiben von Texten, die online erscheinen sollen, gelten einige zusätzliche Regeln – und viele von den Regeln, die wir aufgezählt haben, im besonderen Maße. Im Internet lesen die Nutzer Texte etwa 30 Prozent langsamer, als wenn die gleichen Texte auf Papier stehen würden. Dies liegt vermutlich daran, dass die Auflösung deutlich geringer ist. Am Bildschirm sind 72 dpi üblich, im Offsetdruck werden oft 2400 dpi erreicht (dpi ist eine Maßeinheit und bezeichnet „dots per inch", also „Punkte pro Inch").

Das bedeutet: Die Autoren von Online-Texten müssen sich besonders knapp halten und so schnell wie möglich zum Punkt kommen.

Untersuchungen haben gezeigt, dass Internetnutzer einen Artikel in den meisten Fällen nicht sorgfältig lesen. Sie überfliegen ihn lediglich. Deshalb müssen Online-Texte so aufbereitet sein, dass ein flüchtiger Leser sich sofort eine Vorstellung über seinen Inhalt verschaffen kann.

Beim normalen Lesen nimmt ein geübter Leser 300 bis 500 Worte in der Minute wahr. Beim Überfliegen eines Textes, wie im Internet üblich, können es bis zu 8000 Worte sein. Dabei will der Leser zunächst feststellen, ob der Text für ihn relevant ist.

Heben Sie Schlüsselbegriffe in Ihrem Internettext hervor. So helfen Sie dem Nutzer, sehr schnell zu erkennen, ob Ihr Text jene Informationen enthält, die er sucht.

Menschen nutzen das Internet vornehmlich aus zwei Gründen: Zum einen wollen sie sich unterhalten. Dafür gibt es ein schier unüberschaubares Angebot bis hin zu eigenen, virtuellen Welten (Second Life). Zum anderen suchen sie gezielt nach Informationen. Sie bevorzugen deshalb jene Informationen im Netz, die sie am schnellsten und leichtesten finden, die am verständlichsten und übersichtlichsten aufbereitet sind und die ihnen die meisten Verweise auf Vertiefungsmöglichkeiten bieten.

Außerdem ist zu bedenken, dass die Hyperlinks, also die Weiterleitungen zu andere Stellen des Internets, das Lesen von Internettexten stark beeinflussen. Links zwingen den Leser, ständig eine Entscheidung zu treffen: Verbleibe ich bei dem Text, den ich gerade lese, oder folge ich dem Link zu einem anderen Text?

WAS BRINGT ES?

Ihr Online-Auftritt ist Ihre Visitenkarte gegenüber der ganzen Welt. Von Singapur bis Feuerland, vom Nordkap bis Johannesburg – jeder kann jederzeit auf das zurückgreifen, was Sie im Netz darbieten. Und jeder wird sich anhand Ihres virtuellen Auftrittes ein Bild von Ihnen machen. Präsentieren Sie sich also im Netz mit wirren und unklaren Texten, so wird der erste Eindruck der Besucher Ihres Internetauftrittes sein: Dieser Mensch kann offenbar keine klaren Gedanken fassen und formulieren.

Umgekehrt gilt natürlich auch: Bereiten Sie Ihre

Internettexte klar, übersichtlich und verständlich auf und bieten Sie dem Nutzer viel Mehrwert, wird er immer wieder auf Ihre Seite zurückkommen – und Sie gewinnen netzweit an Glaubwürdigkeit und Reputation.

WIE GEHE ICH VOR?

Bei Ihrem Netzauftritt sollten Sie sich beim Aufbau und der Navigation auf Ihrer Seite an die Konventionen halten. Widerstehen Sie der Versuchung mancher Internetdesigner, originell sein zu wollen. Nutzer agieren online nach Gewohnheit und suchen Funktionen da, wo sie sie gewöhnt sind. Schließlich kommt auch kein Autodesigner auf die Idee, den Hebel für den Blinker statt am Lenkrad einmal ganz woanders anbringen zu wollen – nur um originell zu sein.

Internetnutzer wollen so schnell wie möglich wissen, ob ein Text ihnen jene Informationen vermittelt, nach denen sie gesucht haben.

Schreiben Sie bereits in der Überschrift Ihres Internettextes so präzise wie möglich, worum es geht. Verrätselte oder kryptische Überschriften veranlassen Nutzer zum Weiterklicken.

Wer im Internet Informationen nachspürt, tut dies mit bestimmten Suchbegriffen. Überlegen Sie sich deshalb genau, welche Suchbegriffe derjenige Nutzer eingeben könnte, den Sie mit Ihrem Text ansprechen wollen. Meistens handelt es sich dabei um einfache und verständliche Formulierungen. Begriffe, die sich eine Marketingabteilung ausgedacht hat und die nur in Ihrer Firma gebräuchlich sind, eignen sich nicht als Stichworte.

Diejenigen Suchbegriffe, die den Inhalt präzise beschreiben, sollten möglichst früh und möglichst herausgehoben in Ihrem Online-Text vorkommen.

Auch hier gilt, was wir in diesem Buch schon öfter beschrieben haben: Je präzise und klarer, desto besser. Niemand wird im Internet den Suchbegriff „innovative IT-Lösungen" eingeben, wenn er nach Informationen zu einem bestimmten Problem mit seinem Computer oder seiner Software sucht. Im Gegenteil: Überflüssiges Geschwafel veranlasst den Nutzer, Ihren Text sofort wegzuklicken. Der Langmut von Internetnutzern ist sehr begrenzt. Im schlimmsten Falle wandert er nach drei Sekunden zu einem anderen Internetauftritt ab, der seine Bedürfnisse besser erfüllen kann.

Mit Marketingallgemeinplätzen geht Ihr Online-Text in der Fülle des Angebots im Internet unter. Er wird nicht wahrgenommen.

Auch als Blogger sind Sie umso erfolgreicher, je anschaulicher und verständlicher Sie schreiben. Wichtig sind vor allem Beispiele und Anekdoten, die Ihre Aussagen illustrieren.

In der sogenannten Bloggosphäre, also unter Leuten, die gerne und viele Blogs lesen und selbst schreiben, gehört Authentizität zu den wichtigsten Qualitätsmerkmalen. Besonders allergisch reagiert die Internetgemeinde, wenn Blogger nur Phrasen und Marketingsprüche absondern. Mit einem solchen Blog schaden Sie sich mehr, als dass Sie sich nützen.

Im Internet haben Sie als Autor einen großen Vorteil: Sie können die Informationen staffeln. Auf der Startseite geben Sie eher einen Überblick über eine

Sache, während Sie durch Hyperlinks zu immer spezielleren Informationen leiten. Das bedeutet: Sie sollten Ihren Internettext entsprechend konzipieren. Am besten, Sie zeichnen sich die Struktur Ihres Textes auf. Anders als bei einem linearen Printtext werden Sie so zu einer Art Baum kommen – einem Stamm, der sich immer weiter verästelt.

Nutzen Sie die Möglichkeiten des Internets, indem Sie die Informationstiefe Ihrer Texte staffeln. Eine Übersicht platzieren Sie auf der Startseite, zu weiter gehenden Informationen führen Hyperlinks.

6.6   Reden

WORUM GEHT ES?

Natürlich können Führungskräfte nicht alle Reden selbst schreiben, die sie auf Kongressen, bei Feiern, Eröffnungen und anderen öffentlichen Anlässen halten müssen. Ihnen fehlt die Zeit und oft auch das Detailwissen. Es kann also vorkommen, dass Sie für den Geschäftsführer oder Vorstand ein Redemanuskript verfassen müssen.

Vielleicht müssen Sie selbst vor einem Publikum auftreten. In diesen Fällen empfiehlt es sich, kein Manuskript auszuarbeiten, sondern frei zu sprechen. Tipps für die eigene Präsentation finden Sie in dem Pocket Power-Band „Kommunikationstechniken".

WAS BRINGT ES?

Wir haben schon gesagt, dass Leser einen Satz in der Regel nicht dreimal lesen, bis sie ihn verstanden haben. Zuhörer *können* einen Satz nicht dreimal hören. Sie müssen ihn auf Anhieb verstehen.

Eine gute Rede bleibt als angenehmes Erlebnis in Erinnerung, auch wenn ihr Inhalt schon lange vergessen ist. Eine schlechte Rede wird als grauenhaft und langweilig abgespeichert – selbst wenn inhaltlich Interessantes gesagt wurde. Das heißt: Durch Reden prägen wir unser Image und das Image unseres Unternehmens.

WIE GEHE ICH VOR?

Der erfolgreiche amerikanische Prediger Billy Graham hat einmal das Geheimnis seiner Reden so zusammengefasst: „Ich sage den Leuten, was ich ihnen sagen werde. Dann sage ich es ihnen. Dann sage ich ihnen, was ich ihnen gesagt habe."

Eine gute Rede spricht nicht mehr als ein Thema an. Sie hat also einen klaren Küchenzuruf. Und diesen Küchenzuruf bringt sie immer wieder vor. Ein gewisses Maß an Redundanz ist in der mündlichen Kommunikation unvermeidlich.

Regeln fürs Redenschreiben

- Schreiben Sie kurze, klare Sätze – noch kürzer und klarer als in der Schriftsprache. Unser Kurzzeitgedächtnis speichert beim Zuhören sieben bis maximal 15 Wörter pro Satz.
- Verwenden Sie einfache Begriffe. Auch hier gilt: Seien Sie noch strenger mit sich selbst als bei Texten, die gedruckt vorliegen.
- Als Einstieg bietet sich eine kleine, passende Anekdote an. Nach zwei, drei Minuten sollte allerdings klar sein, worüber der Redner spricht.
- Denken Sie an den roten Faden. Halten Sie sich noch strikter an die Argumentationskette (vgl. Seiten 20 ff.) als in geschriebenen Texten.

- Fassen Sie am Ende den Kerngedanken noch einmal zusammen.
- Durch Beispiele und Anekdoten lockern Sie den Vortrag auf und regen die Phantasie der Zuhörer an.
- Lesen Sie Ihr Redemanuskript laut. So können Sie am besten abschätzen, ob es sich flüssig spricht. Außerdem wissen Sie dann, wie lange der Vortragende benötigt, Ihre Rede zu halten.

7
Fünf Praxis-Tipps gegen Schreibhemmung

WORUM GEHT ES?

Machen wir uns nichts vor: Schreiben ist Fron und Qual. Den meisten von uns fällt es schwer, Sätze sinnvoll aneinander zu reihen. Und jene Autoren, die sich mir nichts, dir nichts vor einen leeren Bildschirm setzen und einen Text runterrattern, müssen nicht die besten sein.

Gelegentliche Schreibhemmungen sind also normal. Doch irgendwann muss ein Autor sie überwinden, muss er seinen Text beenden. Dafür gibt es ein paar Tricks, die Profis anwenden, um verständlich, klar und zügig zu schreiben.

WAS BRINGT ES?

Sie werden nicht mit allen Tricks etwas anfangen können. Der ein oder andere wird ihnen aber vielleicht helfen, Schreibhemmungen abzubauen – oder überhaupt erst mit dem Schreiben anzufangen.

Der Schweizer Kommunikationswissenschaftler Daniel Perrin hat den Schreibverlauf von Profis und Laien untersucht. Sein Ergebnis: Die Schreib-Profis haben ausgefeilte Strategien, mit denen sie einen Text angehen. Dadurch bleiben sie eher bei der Sache und kommen schneller zum Ende. Laien lassen sich leichter ablenken. Einige der Instrumente, die wir in diesem Buch vorstellen (zum Beispiel Küchenzuruf und Argumentationskette), helfen, den Schreibprozess zu professionalisieren.

WIE GEHE ICH VOR?

7.1   Abstand schaffen

Manche Autoren gehen mit dem Hund spazieren, andere legen sich in die Badewanne. Manche joggen. Die gleichmäßige Schrittfolge und die körperliche Anstrengung schaffen wieder einen klaren Kopf.

Den Kopf freikriegen!
Egal, was Sie machen: Schaffen Sie Abstand zwischen sich selbst und Ihrem Text. Verharren Sie nicht vor dem Computer, wenn es nicht mehr weitergeht. Am nächsten Tag schreibt es sich meistens leichter.

7.2   Das Schreiben durchziehen

Der Kommunikationswissenschaftler Daniel Perrin kann mit einem Computerprogramm nachweisen: Viele Schreiber bearbeiten, wenn sie ins Stocken geraten, das bereits Geschriebene nach. Sie korrigieren kleine Rechtschreibfehler, ändern hier ein Wort und da eine Formulierung und verzweifeln darüber, dass sie bereits so viel Schönes niedergeschrieben haben – und ausgerechnet jetzt hängen bleiben. Dieses Vorgehen ist ineffektiv.

Bleiben Sie im Schreibfluss!
Wehren Sie sich gegen die Versuchung, bereits Geschriebenes zu korrigieren, wenn Sie ins Stocken geraten. Decken sie stattdessen den gesamten Text ab – bis auf die letzte Zeile. An diese knüpfen Sie die nächsten Sätze.

7.3   Écriture automatique

Das Prinzip des Durchschreibens kann zu einer Kreativitätsmethode erweitert werden. Sie ist unter dem Namen *écriture automatique,* einen Begriff der surrealistischen Literatur, oder auch als *free writing* bekannt und kann dabei helfen, Hemmungen abzubauen und Ideen zu produzieren.

Ziehen Sie's durch!
Geben Sie sich einen Anfangssatz. Zum Beispiel: *Die Wintersonne stand nur als ein armer Schein, milchig und matt hinter Wolkenschichten über der engen Stadt.* Dann schreiben Sie sieben Minuten, ohne Pause und Unterbrechung, weiter. Wenn Sie nicht mehr weiterwissen, tippen Sie einfach *XXXXX.* Aber bleiben Sie im Schreibfluss!

Bei vielen Autoren sind die Texte, die so entstehen, erstaunlich gut zu lesen. Bei anderen finden sich viele Gedankensprünge und abgebrochene Sätze. Egal: Hauptsache, sie überwinden den toten Punkt beim Schreiben.

Übrigens: Der Anfangssatz aus dem Beispiel ist der erste Satz von Thomas Manns „Tonio Kröger".

7.4   Einen neuen Stil tanken

Falls es Ihnen schwer fällt, sich vom bürokratischen oder technischen Stil zu lösen: Tanken Sie einen neuen Stil!

Unser Gehirn ist erstaunlich gewandt. Es kann sich rasch auf neue (Schreib-)Stile einstellen und übernimmt sie unbewusst. Wenn Sie zum Beispiel dröge, verquaste Produktbeschreibungen gelesen haben, bevor Sie sich an Ihre Marketingbroschüre setzen, übernehmen Sie automatisch den Stil der Produktbeschreibungen. Dieses Phänomen können Sie sich aber auch zunutze machen.

Lesen Sie Hemingway!
Bevor Sie anfangen zu schreiben, lesen Sie einige Seiten eines Schriftstellers, der Ihnen gut gefällt und der klar und verständlich schreibt. Als gut geeignet haben sich Ernest Hemingway und Franz Kafka erwiesen.

7.5   Mit fremden Federn

Schreibhemmungen und die Schwierigkeit, sich von seinem eingefahrenen Stil zu lösen, entstehen oft, weil der Autor zu sehr an seiner Sprache hängt. In diesen Situationen hilft es, sich einmal fremder Federn zu bedienen. Es geht darum, sich von der eigenen Sprache zu lösen und ein geschärftes Sprachbewusstsein zu entwickeln. Lesen Sie einen kurzen Text eines Schriftstellers mit ungewöhnlichem Stil sehr sorgfältig. Analysieren Sie, welcher Stilmittel er sich wie bedient. Danach versuchen Sie, ein eigenes Alltagserlebnis im Stile dieses Schriftstellers zu erzählen. Als gut geeignet hat sich die „Anekdote aus dem letzten Preußischen Krieg" von Heinrich von Kleist erwiesen.

Anhang

Zehn Gebote für Sprache, die ankommt

1. Meiden Sie Schachtelsätze!

Gönnen Sie jedem neuen Gedanken, jeder neuen Information einen Hauptsatz. Das ist einfacher, als in einem Satz alles zu sagen. Verwenden Sie in Ihren Texten also möglichst wenig untergeordnete Nebensätze. Verzichten Sie möglichst auf Klemmkonstruktionen – egal ob Sie zwischen Gedankenstrichen, Kommas oder Klammern stehen. Wechseln Sie kurze mit längeren Sätzen ab.

2. Werden Sie konkret!

Verschonen Sie Ihre Leser mit abstrakten Oberbegriffen! Schreiben Sie nicht *Tier,* wenn Sie einen Goldhamster meinen, schreiben Sie nicht *Baum,* wenn es um eine Eibe geht, und schreiben Sie nicht *eine Frau in mittleren Jahren,* wenn Sie schreiben können: *Heike Müller (37), alleinerziehende Mutter zweier Söhne und Rechtsanwältin in München.*

3. Show, don't tell!

Erzähle nicht, was du sagen willst, zeige es! Wenn Sie sich an diesen Grundsatz der Hollywoodautoren halten, werden Ihre Texte anschaulicher – und glaubwürdiger. Schreiben Sie also nicht *sie war traurig,* sondern *sie konnte die Tränen nicht zurückhalten.* Zeigen Sie Ihren Lesern Bilder, anstatt ihnen vorzuschreiben, was sie denken oder fühlen sollen.

4. Verben, Verben, Verben!

Lassen Sie Ihre Texte leben! Das beste Mittel dafür: Verben verwenden. Wann immer Sie Handlungen in Verben erzählen können, tun Sie es! Denn Verben sind die Worte der Tat, sie bringen Bewegung und Tempo in Ihren Text. Also nicht *den Beweis antreten,* sondern *beweisen;* nicht in die *Diskussion eintreten,* sondern *diskutieren;* nicht *sie brachten „Hänsel und Gretel" zur Aufführung,* sondern *sie führten „Hänsel und Gretel" auf.*

5. Ballast abwerfen!

Streichen Sie alles, was Ihr Leser nicht braucht, um den Sinn Ihres Textes zu erfassen! Überflüssig sind häufig Vorsilben wie bei *an*-steigen, *an*-mieten, *ab*-sinken und *vor*-programmieren. Eigenschaftswörter sind ebenfalls oft nichts als Ballast und ein Pleonasmus: die *weltweite* Globalisierung, die *seltene* Rarität, die *steile* Felswand. Tilgen Sie solche unnötigen Wörter!

6. Misstrauen Sie Synonymen!

Synonyme sollen für Abwechslung sorgen. Das geht oft schief, weil viele Synonyme so abgedroschen sind, dass sie den Leser eher langweilen. Oder lässt es Sie frohlocken, wenn Sie statt Fußball *rundes Leder* lesen oder statt Wasser *kühles Nass*? Bemühen Sie sich um neue, treffende Synonyme. Aber Vorsicht! Zwei Worte bedeuten nur selten wirklich das Gleiche: Einen Pakt schließt man mit dem Teufel, ein Bündnis fürs Leben.

7. Verbannen Sie das Passiv!

Verben sind die Worte der Tat. Wenn Sie sie ins Passiv pressen, verwandeln sie sich ins Gegenteil, vermitteln Langeweile, Untätigkeit – eben Passivität. Zudem verschweigt das Passiv, wer gehandelt hat: „Der Täter wurde auf frischer Tat ertappt." Wäre es nicht interessant zu erfahren, wer ihn ertappt hat?

8. Weg mit ausgelutschten Modeworten!

Wenn Sie vermitteln wollen, wie kreativ, innovativ, kompetent, flexibel und nachhaltig Ihre Firma arbeitet, sollten Sie in Ihren Texten auf Wörter wie kreativ, innovativ, kompetent, flexibel und nachhaltig verzichten. Solche Modewörter führen inzwischen alle im Munde, sie stehen in jeder Imagebroschüre und in jeder Pressemitteilung. Sie huschen durch das Hirn des Lesers, ohne Wirkung zu hinterlassen.

9. Entlarven Sie Euphemismen!

Übersetzen Sie sprachliche Schönfärbereien: Es heißt nicht *Entsorgungspark,* sondern *Giftmülldeponie.* Unternehmer *setzen* ihre Angestellten nicht *frei,* sie *entlassen* sie. Und ein *Verlust* ist kein *Minuswachstum.*

10. Sagen Sie's einfach!

Wenn Sie die Wahl haben zwischen zwei Wörtern, verwenden Sie das einfachere! Das macht es Ihren Lesern leichter. Schreiben Sie also nicht *transpirieren,* sondern *schwitzen;* nicht *Gefahrenpotenzial,* sondern *Risiko;* nicht *sie haben die Möglichkeit,* sondern *sie können.*

Die Liste der Pfuiwörter – Beispiele für Phrasen und Ausdrücke, die Sie vermeiden sollten

Bevor Sie eines der folgenden Wörter und Redewendungen schreiben, sollten Sie zweimal überlegen, denn sie klingen technokratisch, sind überstrapaziert oder unanschaulich. Die Liste ist lang, aber nicht vollständig. Verlängern Sie sie! Notieren Sie jedes Pfuiwort, das Ihnen begegnet, und tilgen Sie es aus Ihrem Wortschatz!

abgasarm (falsch: gemeint ist schadstoffarm, das Volumen des Gases, das aus dem Auspuff kommt, bleibt gleich)

Aktivität (meistens: Arbeit, Tätigkeit)

Aktivitäten (überflüssiger Plural)

am Ende des Tages (meistens ein Anglizismus von „at the end of the day"; auf Deutsch: am Ende)

Ämterdurchlässigkeit (Bürokratendeutsch für Bürgernähe)

andenken (besser: vorschlagen, überlegen)

an Deutlichkeit nichts zu wünschen übrig lassen (geblähte Floskel; besser: sich deutlich ausdrücken, deutlich sein, deutlich machen)

andiskutieren (besser: diskutieren)

auf den Punkt bringen (überstrapaziert)

auf die Agenda setzen (Anglizismus; „agenda" heißt auf Deutsch Tagesordnung) auf gleicher Wellenlänge (überstrapaziert)

aufoktroyieren (oktroyieren bedeutet bereits etwas aufzuzwingen)

auseinander dividieren (in dividieren steckt bereits das auseinander)

außen vor bleiben (besser: nicht dazugehören)

Bereich (in den meisten Fällen überflüssig; statt „im Bereich des Marketing" geht auch „im Marketing")

beziehungsweise (lässt sich meist durch „und" oder „oder" ersetzen)

bis zur Vergasung (geschmacklos)

Blutbad (überstrapaziert)

checken (Anglizismus; auf Deutsch: prüfen, klären oder verstehen, begreifen)

creativ (besser: kreativ; noch besser: einfallsreich)

committen (Anglizismus; auf Deutsch: sich verpflichten)

den Hut aufhaben (Phrase; besser: verantwortlich sein)

der mit dem ... tanzt (überstrapaziert)

die Luft wird dünn (kraftlose Metapher)

Doppelverdiener (sprachlich nicht korrekt; jemand, der Doppelverdiener genannt wird, verdient nicht doppelt. Er hat nur einen Partner, der auch berufstätig ist.)

durchfeuchtet (umständlich für feucht oder nass)

Durchführbarkeit (Bürokratendeutsch)

durchführen (klingt bürokratisch)

Ebene (oft überflüssig)

echt (als Adjektiv, das ein Adjektiv näher bestimmt, fast immer überflüssig; Beispiel: „echt gut")

ein Ding der Unmöglichkeit (geblähte Phrase; besser: unmöglich)

ein Mehr an (umständlich, gebläht; besser: mehr)

einen guten Job machen (Anglizismus von „to do a good job"; auf Deutsch: seine Sache gut machen)

einen Punkt machen (Anglizismus von „to make a point"; auf Deutsch: etwas anmerken)

einen Termin fixen (besser: einen Termin vereinbaren)

eintakten (Marketing-Jargon)

endgültigste (endgültig ist nicht steigerbar)

Endkampf (aus dem Wörterbuch des Unmenschen)

(Flächen/Böden) entsiegeln (Bürokratendeutsch; besser: der Natur zurückgeben, von Asphalt und Beton befreien)

Entsorgung (euphemistisch, weil man durch die Entsorgung eben nicht alle Sorgen los ist)

Entsorgungspark (euphemistisch; besser, weil ehrlicher: Giftmülldeponie)

Erdrutschsieg (das geht nicht, ein Erdrutsch geht immer nach unten)

evaluieren (verstehen viele Menschen nicht; besser: auswerten)

Exponat (besser: (Ausstellungs-)stück; noch besser, weil konkreter: Bild, Skulptur etc.)

fieberhaft (überstrapaziert, fast immer wird etwas „fieberhaft" gesucht)

finalisieren (Anglizismus)

finanzielle Mittel (aufgebläht; gemeint ist meistens Geld)

Flexibilisierung (negativer Beigeschmack)

fokussieren (Phrase; besser: auf etwas konzentrieren)

freisetzen (Euphemismus; besser: entlassen, feuern)

führender Anbieter (Marketing-Phrase; bringen Sie lieber Fakten statt Behauptungen)

für das leibliche Wohl sorgen (überstrapaziert)

fußläufig (Blähdeutsch; besser: zu Fuß)

ganzheitlich (abgedroschen und deshalb oft nichtssagend)

grünes Licht geben (überstrapaziert)

Gutmenschen (diffamierend)

handlen (vom Englischen: to handle, verstehen viele Menschen nicht; besser: mit etwas umgehen)

Handlungsorientierung (Phrase)

Herausforderung (überstrapaziert; falls es als Übersetzung des englischen „challenge" gebraucht wird)

Highlight (Anglizismus; Höhepunkt geht auch)

hinterfragen (70er-Jahre-WG-Jargon)

hochkarätig (oft überflüssig; sehr vage, wenn es zur Beschreibung von Personen gebraucht wird; was ist ein hochkarätiger Gast?)

hochkochen (überstrapaziert)

hochspannend (übertriebene Steigerung)

hohe Funktionalität (meistens eine Phrase)

Human Ressources (verstehen die meisten Menschen nicht; besser: Personal oder Personalbüro)

im Grunde (überflüssige Phrase)

im Nachhinein (Blähdeutsch; besser: nachdem, hinterher)

implementieren (Marketing-Deutsch; besser: umsetzen)

im Vorfeld (Blähdeutsch; besser: vor, vorher)

in keinster Weise (kein lässt sich nicht steigern)

innovativ (fast immer eine Phrase; was genau macht das Produkt, das Unternehmen innovativ?)

irgendwie (fast immer ein überflüssiges Füllwort)

kaum ein(e) (Eine Floskel, mit der viele Autoren Sätze einleiten, obwohl sie meistens nicht stimmt. Fast immer gibt es neben der oder dem einen eben doch noch einige andere. Beispiel: Kaum ein Autor hat die Deutschen mehr bewegt als ...)

keine Seltenheit (Blähdeutsch; besser: oft, häufig)

Kernkompetenzen (überstrapazierte Phrase)

Kollateralschaden (euphemistisch)

Kommunikation (zumindest dann, wenn einfach nur „miteinander reden" gemeint ist)

kontraproduktiv (Blähdeutsch; besser: nicht gut, schlecht)

kontaktieren (besser: anrufen, ansprechen)

kreativ (überstrapaziert; was genau ist daran kreativ?)

Kult- (überstrapaziert und unkonkret; was macht ein Buch zum Kultbuch, einen Film zum Kultfilm, einen Autor zum Kultautor?)

lähmendes Entsetzen (kraftlos)

Leistungsportfolio (Aufblähung; Leistungen oder Portfolio reicht)

letzte Hand anlegen (überstrapaziert)

letztendlich (Dopplung)

Licht am Ende des Tunnels (überstrapazierte Metapher)

Location (Anglizismus; besser: Veranstaltungsort)

Maßnahmenkatalog (Bürokratendeutsch; besser: eine Reihe von Maßnahmen)

meeten (Anglizismus; besser: sich zu einer Sitzung treffen)

meines Erachtens (überflüssige Floskel)

Mission (Anglizismus; falls Auftrag oder Ziel gemeint sind)

mit Hilfe von (heißt ganz einfach: mit)

modernste (modern ist nicht steigerbar)

Motivationsstrukturen (Phrase)

nachhaltig (überstrapaziert)

nachlassende Niederschlagstätigkeit (Blähdeutsch; besser: Es hört auf zu regnen)

Naherholungsgebiet (Bürokratendeutsch für Park, Wald o. ä.)

Nasszelle (Architektenjargon; besser: Badezimmer)

Negativwachstum (euphemistisch; besser: Verlust, Rückgang)

nichtsdestotrotz (war ursprünglich eine Verballhornung und ist seitdem nicht besser geworden)

Objekt der Begierde (überstrapaziert)

Outdoor-Weekend (Anglizismus; besser: Wochenende an der frischen Luft)

Output (Anglizismus; besser: Ergebnis oder das, was hinten rauskommt)

Paradebeispiel (überstrapaziert)

Paradigmenwechsel (überstrapaziert und selten richtig gebraucht)

passgenau (besser: entweder passend oder genau)

perfekteste (perfekt ist nicht steigerbar)

performen (Anglizismus; auf Deutsch: leisten, gut/schlecht abschneiden)

positiv (Blähdeutsch; meistens besser: gut)

proaktiv (Marketing-Jargon; besser: vorausschauend)

Problematik (Aufblähung des Wortes Problem)

problematisieren (70er-Jahre-WG-Jargon)

Produktinnovation (Phrase)

qualitativ hochwertig (doppelt, hochwertig reicht)

Quantensprung (überstrapaziert und selten richtig gebraucht; in der Quantenphysik ist der Quantensprung ein winziger Sprung)

querchecken (besser: überprüfen)

rationalisieren (den Begriff besser vermeiden)

recruiten (Anglizismus; besser: jemanden einstellen, verpflichten)

relaxen (Anglizismus; besser: entspannen, abschalten o. ä.)

Rückerinnerung (Dopplung)

Sachzwang (Phrase; die eine präzise Aussage vermeiden soll)

Schadstoff (euphemistisch; besser: Gift)

schaler Beigeschmack (überstrapaziert)

schillernde Persönlichkeit (überstrapaziert)

schlussendlich (Dopplung)

schnellstmöglich (unpräzise; lieber konkreten Zeitpunkt angeben)

screenen (auf Deutsch: durchforsten)

seitens (Bürokratendeutsch)

sensibilisieren (überstrapaziert)

Sex, Lügen und ... (überstrapaziert)

sich einbringen (nebulös; abstrakt für sich beteiligen oder Geld/Zeit in etwas investieren)

Sinn machen (Anglizismus von „to make sense"; auf Deutsch: Sinn haben, sinnvoll sein)

Spontanvegetation (Blähdeutsch; besser: Unkraut)

sterben wie die Fliegen (überstrapaziert)

strahlender Sieger (kraftlos)

strategisch (Neigung zur Phrase)

Struktur (vorsichtig verwenden, oftmals überflüssig)

Strukturlage (Phrase)

Super-GAU (schlimmer als der „größte anzuneh-
mende Unfall" geht nicht)

Synergie-Effekte (vorsichtig verwenden, da es zur
Phrase neigt)

Systemrelevanz (Phrase)

tagtäglich (unnötige Verdopplung von täglich oder
jeden Tag)

Technologie (Anglizismus; Technologie ist die Wis-
senschaft von der Technik! Die Übersetzung von
„technology" lautet schlicht Technik)

Themenbereich (Aufblähung; „Themen" reicht)

Themenumfeld (Phrase)

Tool (verstehen viele Menschen nicht; besser: Werk-
zeug, Hilfsmittel)

total (meistens überflüssiges Füllwort)

Totalität (meint oft nicht mehr als: alles)

Trauerarbeit (Blähdeutsch; besser: Trauer)

umsetzungsfähig (Blähdeutsch; besser: machbar, zu
machen, praktikabel)

unheimlich (Füllwort, fast immer überflüssig)

Unkenrufe (überstrapaziert)

unter Heranziehung von (Bürokratenphrase)

updaten (Anglizismus; besser: auf den neuesten
Stand bringen; aktualisieren)

Verantwortlichkeit (aufgebläht für: Verantwortung)

verschlanken (euphemistisch; besser: abbauen, ver-
kleinern, verringern)

vor dem Hintergrund (Phrase)

vorprogrammieren (Dopplung)

Weltmarktführer (Wenn man das Marktsegment nur klein genug macht, ist fast jeder einer)

Wer zu spät kommt, den bestraft … (überstrapaziert)

Wohnumfeld (Bürokratendeutsch, besser: Umgebung, Stadtteil, Nachbarschaft)

Zielsetzung (meistens Aufblähung von Ziel)

zu diesem Zeitpunkt (Blähdeutsch; besser: jetzt)

zu einem späteren Zeitpunkt (Blähdeutsch; besser: später)

zukunftsorientiert (Phrase)

zukunftsweisend (Phrase)

zum Anfassen (als Beschreibung für Prominente, Stars etc. überstrapaziert)

zum Verweilen einladen (Phrase)

zur Tagesordnung übergehen (Phrase)

Literatur

Büchmann, G.: Der große Büchmann – Geflügelte Worte. Knaur, 2003

Fasel, C.: Nutzwertjournalismus. UVK, 2004

Häusermann, J.: Journalistisches Texten. 2. Aufl., UVK, 2005

Henscheid, E.: Dummdeutsch. Reclam, 1995

Langer, I.; Schulz von Thun, F.; Tausch, R.: Sich verständlich ausdrücken. 7. Aufl., Reinhardt, 2002

Linden, P.: Wie Texte wirken: Anleitung zur Analyse journalistischer Sprache. ZV, 2000

Nielsen, J./Lorang, H.: Web Usability. Addison-Wesley, 2006

Perrin, D.: Schreiben ohne Schreibverlust: Schreibcoaching für Profis. Werd, 1999

Pöppel, E.: „Syntopie des Lesens". In: Stiftung Lesen (Hrsg.): Gutenbergs Folgen. Von der ersten Medienrevolution zur Wissensgesellschaft. Nomos, 2002, S. 147–150

Rauter, E.A.: Die neue Schule des Schreibens. Econ, 1996

Reiners, L.: Stilfibel. Der sichere Weg zu gutem Deutsch. C. H. Beck, 1990

Reiners, L.: Stilkunst: Ein Lehrbuch deutscher Prosa. C. H. Beck, 1991

Reiter, M.: Die Phrasendrescher. Wie unsere Eliten uns sprachlich verblöden. Gütersloher Verlagshaus, 2007

Reiter, M.: Überschrift, Vorspann, Bildunterschrift. UVK, 2006

Schneider, W.: Deutsch fürs Leben. Rowohlt, 1994

Schneider, W.: Deutsch für Profis. Goldmann, 2001

Schneider, W.: Deutsch! Rowohlt, 2005

Sick, B.: Der Dativ ist dem Genitiv sein Tod (Folgen 1–3). Kiepenheuer & Witsch, 2004–2006

Zoozmann, R.: Zitatenschatz der Weltliteratur. Rowohlt, 2001

Fit fürs Rampenlicht!

Reiter
Der perfekte Medienauftritt
128 Seiten. Kartoniert.
ISBN 978-3-446-40555-4

Medienpräsenz ist längst nicht mehr nur Prominenten
vorbehalten. Die Autoren zeigen, wie man sich vor
Kamera und Mikrofon und gegenüber Print-Journalisten
wirkungsvoll präsentiert. Mit vielen direkt umsetzbaren
Tipps.

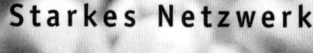